¡GRACIAS, FIDEL!

El viaje de un niño
escapando de la Cuba
de Castro y realizando
el sueño americano

¡GRACIAS, FIDEL!

El viaje de un niño
escapando de la Cuba
de Castro y realizando
el sueño americano

NELSON A. DIAZ

Impreso en los Estados Unidos de América
Publicado en Hellertown, PA
Portada e interiorismo por Christina Gaugler
Número de control de la Biblioteca del Congreso 2023940894
ISBN 978-1-958711-58-3

Para obtener más información o para realizar pedidos a granel, póngase en contacto con el autor o el editor en Jennifer@BrightCommunications.net.

Bright
COMMUNICATIONS

BrightCommunications.net

En memoria de mi padre y mi madre,
Nelson Víctor Díaz y Lucía Leonor Lacorra:
Su amor incondicional por mí fue
su legado más valioso.

PREFACIO

Puede encontrar el título de este libro intrigante, aunque sospecho que algunos cubanos que escaparon del régimen de Castro pueden encontrar el título insultante. *Gracias, Fidel* no es una declaración política. Lo escribí para compartir la historia de mi vida y explicar cómo dejé mi país y vine a vivir a los Estados Unidos. Creo que mi historia puede ayudar a inspirar a las personas, especialmente a los jóvenes, que deben abandonar sus hogares en busca de una vida mejor.

Sé de primera mano lo difícil que es dejar la patria donde nacimos. De repente, tener que huir y perder todo lo que has trabajado tan duro para establecer, como tantos cubanos lo hicieron, es agonizante, y comenzar desde cero más tarde en la vida en un país extranjero es un desafío. Es fácil ver cómo podrías resentir a las personas que te obligaron a una agitación tan dolorosa.

Espero que mi libro inspire a los jóvenes que se encuentran en una situación similar a la mía. En todo el mundo, las personas enfrentan las mismas decisiones que mi familia tomó para tener un futuro mejor. Tal vez mi libro ofrezca un poco de esperanza a aquellos que llegan aquí después de escapar de la tiranía y las dificultades de sus países de origen.

Estoy agradecido de que mi familia haya tomado la dolorosa decisión de abandonar Cuba. Sus valientes sacrificios me dieron la oportunidad de lograr una vida por la cual estoy muy agradecido. Por eso elegí el título de mi libro. Sin los acontecimientos que transformaron a Cuba, ciertamente no estaría aquí hoy para hacer una crónica de cómo pude realizar el sueño americano.

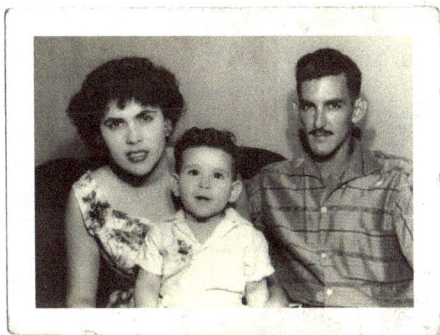

Con mis padres, Nelson and Lucia

La boda de mis padres en 1954

CUBA

CAPÍTULO UNO

COMIENZOS HuMILDES

Tengo 13 años, soy un chico fuerte, delgado y de extremidades largas. Mientras mi madre, mi padre y mi tía abuela Tati observan desde una terraza abierta sobre el aeropuerto de La Habana, camino solo hacia el avión jumbo de Iberia Airlines al ralentí en la pista. Nunca antes había estado en un aeropuerto, y ahora mi familia me está despidiendo de mí cuando salgo de mi casa para ir a un campamento de niños al otro lado del océano en España. Es febrero de 1970.

Llevo la Biblia que mi padre me había dado años antes, en la que había inscrito mi nombre en su hermosa letra. Me dio instrucciones estrictas de no darme la vuelta y mirar hacia atrás a mi familia. Nunca había visto el interior de un avión, y mucho menos volado en uno. Pero aquí estoy, a punto de elevarme hacia el cielo y volar casi 5,000 millas a Madrid.

Mi viaje a España comenzó cuando mis padres comenzaron a hacer planes cuidadosos y complicados para que escapara de mi destino: convertirme en un soldado adolescente en el ejército de Castro. En ese momento, en la década de 1960, todos los niños cubanos fueron reclutados en su 15º año para servir en el Ejército Revolucionario Cubano hasta la edad de 27 años. A los soldados no se les permitía salir del país durante su servicio.

Mis padres tenían un futuro más brillante en mente para mí, e incluía terminar la escuela secundaria, asistir a la universidad y tener la libertad de perseguir mis metas, dondequiera que me llevaran. Ahora, el único camino hacia ese futuro era dejar el hogar de nuestra familia por una tierra extranjera lejana.

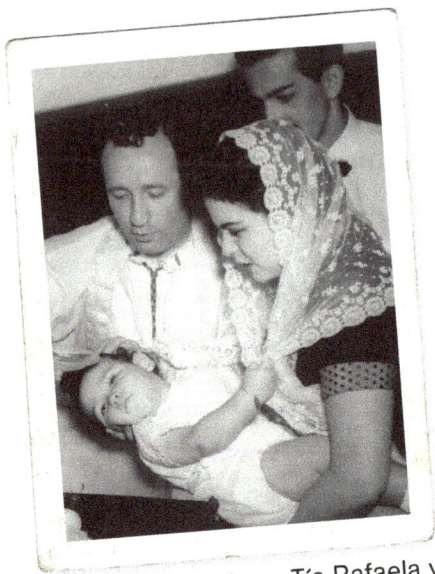

Con mis padrinos, Tía Rafaela y tío Rinaldo, durante mi bautizo

Mi madre y mi padre siempre se habían dedicado en mejorar mi destino y el de nuestra familia. Desde mis primeros recuerdos de infancia, mi madre, Lucía Leonor Lacorra, me dijo que la educación era la clave para salir adelante y tener éxito en la vida. A diferencia de muchas mujeres cubanas de su tiempo, ella había logrado terminar la escuela secundaria y me inculcó su amor por el aprendizaje. Todavía recuerdo su taladrada de tablas de multiplicar en mi cabeza y repasando mi tarea escolar todas las noches.

Mi padre, Nelson Víctor Díaz, fue un hombre hecho a sí mismo. No es que fuera rico, ni mucho menos. Pero gracias a su ingenio y resistencia, éramos una familia cómoda de clase media baja. Durante el día, era un *anotador*, rastreando

la carga transportada en barcos. Cárdenas, mi ciudad natal de unos 80.000 habitantes, era una ciudad portuaria que atraía barcos de todo el mundo, por lo que había muchos buques cuya carga necesit-aba seguimiento.

El Espigón, Puerto de Cárdenas

Después de horas, mi padre tenía una pequeña carpintería donde hacía muebles. Cada mueble en mi casa fué hecho por sus manos.

Considero a mi padre un verdadero hombre del Renacimiento, podía hacer cualquier cosa. Compartió sus conocimientos conmigo, desde la carpintería hasta matar animales para comer. Me enseñó cómo pescar y limpiar mi captura, cómo lustrar mis zapatos y cómo hacer las muchas tareas que se necesitaban para mantener en funcionamiento a un pequeño hogar cubano. Para él, no había una división sexista del trabajo, como la había en muchos hogares. A lo largo de los años, también me enseñó a cocinar y planchar.

¿Cómo aprendió mi padre todas estas técnicas de supervivencia? No podría decírtelo. Supongo que los talentos de mi padre le vinieron naturalmente. Es poco probable que heredara alguno de esos rasgos útiles de su propio padre, que era un hombre severo, casi temible, que trabajaba en la industria de la caña de azúcar.

Mi padre era el opuesto de su padre. Cogido de la mano, me llevaba a los barcos en los que trabajaba, lo cual era un gran placer para un niño pequeño. Me reunía con marineros de todo el mundo, escuchaba diferentes idiomas y hacía recorridos por sus embarcaciones. Esas visitas me abrieron los ojos a la realidad de que existían muchos mundos fuera del mío. Mi padre también me llevó a su taller de carpintería, donde aprendí a martillar un clavo, lijar madera y barrer el aserrín del suelo. Me encantaron esos días. Le rogaba que me llevara y tenía los ojos llorosos cuando no podía ir.

Hasta los cuatro años, vivíamos con los padres de mi madre en el centro de Cárdenas. Vivíamos felices juntos en una casa grande, anticuada y de estilo colonial. Nuestra familia era muy unida.

Los padres de mi madre se habían divorciado y vuelto a casar, y yo estaba cerca de todos ellos, incluyendo a mis padrastros. En mi mente, tenía tres pares de abuelos, todos los cuales eran cariñosos y amables conmigo. Pasé mucho tiempo con mi abuela materna y su esposo; él era otro abuelo para mí, y una persona muy cariñosa. Solía pasar semanas con ellos cuando era pequeño.

Llamé a mi abuela Tití. Mi padrastro se llamaba Julio y conducía una enorme motocicleta marca India.

Mi tía abuela Tati y yo

Esa motocicleta (hoy sería una clásica) tenía un asiento enorme y era su principal medio de transporte. Cuando solía viajar con ellos, me ponían en el medio entre ellos. En viajes más largos, a veces dormía en ese espacio acogedor. Debido a que podía ir y venir a voluntad entre mis padres y todos mis abuelos, me convertí en un niño muy independiente, lo que me sirvió bien más tarde en mi juventud.

Durante los veranos, también pasé un mes con mi tía Rafaela, su esposo y mis primos en la hermosa playa de Varadero en Cuba, mientras que mis padres se quedaban en casa con mi hermano menor, Miguel, y mi hermana, Belinda. También pasé parte del verano en el relajante pueblo pesquero de Playa Larga con la madre de mi padre, Hortensia, y mis primos por parte de mi padre.

Mi hermano menor, Miguel, mi hermana, Belinda, y yo

Mi infancia independiente

Ciertamente me habían dado el don de la independencia. Estoy bastante seguro de que la noción actual de "padres helicóptero", que manejan cada pequeño detalle de la existencia de sus hijos, habría conmocionado, si no enojado, a mi madre y a mi padre. Ellos estaban allí para enseñarme importantes lecciones de vida sobre cómo cuidarme, y luego daban un paso atrás y me dejaban aprender, incluso si eso significaba verme cometer errores. Creo que esas lecciones me prepararon para lo que estaba por venir porque estaba seguro de que tenía las herramientas para manejar casi cualquier situación que se me presentara. Poco sabía en ese momento que solo unos años después, estas habilidades terminarían prácticamente salvándome la vida.

Venga la Revolución

Nací tres años antes de la Revolución Cubana de 1959. Antes de la revolución, durante el tiránico gobierno de siete años del dictador Fulgencio Batista, mis padres vieron de primera mano lo mal que le iba a la gente pobre. Luego vino el atractivo revolucionario Fidel Castro, con sus audaces promesas de crear una nueva Cuba. La Cuba de Fidel tendría democracia, atención médica gratuita e igualdad para todos. Una vez más, los cubanos podrían ser dueños de sus propias tierras y negocios. Castro incluso prometió al mundo entero que su Cuba estaría libre del comunismo y de la Unión Soviética.

Sus declaraciones dieron a personas como mis padres razones para tener esperanza, y como muchos cubanos en ese momento se convirtieron en los primeros partidarios de Castro y su revolución.

Y las cosas esperanzadoras sucedieron. Por ejemplo, pudimos mudarnos de la casa que compartíamos con mis abuelos a una casa propia. Al comienzo de la revolución, los proyectos de vivienda aparecieron en toda Cuba. Aseguramos una casa en uno de los desarrollos, un rancho de bloques de cemento que era ideal para mí, mis padres y mi hermano y hermana menores.

Celebrando mi cumpleaños con mi familia y amigos en mi nueva casa

Tenía dos dormitorios, un baño, una sala de estar y un comedor, y lo amueblamos con piezas hechas a mano por mi padre. Nuestra nueva casa estaba en las afueras de Cárdenas, y mis abuelos estaban ahora a unos kilómetros de distancia. Entonces, después de la escuela, me ponía mis patines y patinaba para visitarlos y jugar con mis primos.

No pasó mucho tiempo antes de que mis padres reconocieran que Castro no era un hombre del pueblo, no era más que un cruel fraude. A pesar de las promesas de Castro de evitar la interferencia comunista, en realidad en cuestión de meses había abrazado a la Unión Soviética como socio pleno y había creado un gobierno cubano basado en el modelo comunista. Nacionalizó las granjas y negocios cubanos. Inclinó el sistema educativo a su voluntad. Castigó a sus enemigos políticos (mi padre se convertiría en uno de ellos) y arrestó a miles, y cosas peores.

El comunismo llega a la escuela

En sexto grado, los maestros me habían reconocido como el mejor estudiante varón académicamente en toda la ciudad de Cárdenas. Fue un gran acontecimiento: junto con la mejor estudiante, desfilé en una carroza por las calles de la ciudad. Cada año, los

En sexto grado fuí reconocide como el mejor estudiante en mi ciudad

planificadores del desfile seleccionaban un personaje diferente para que los ganadores se vistieran y este año, yo era El Zorro, y mi co-ganadora estaba disfrazada como su compañera femenina.

A partir de ese momento de triunfo, mi educación comenzó a cambiar. No me di cuenta entonces, pero estaba a punto de experimentar una agitación escolar. Entre las influencias de Castro en la educación, los jóvenes estudiantes ahora eran llamados "Pioneros". Aunque nuestras clases de matemáticas y ciencias continuaron como antes, en las clases de historia comenzó el adoctrinamiento en los principios comunistas. Aunque mis padres me transmitieron sus convicciones sobre la libertad y me inmunizaron contra el lavado de cerebro, todavía tuve que lidiar con los cambios en el plan de estudios.

Después de la toma del poder por Castro, él

estableció las Fuerzas Armadas Revolucionarias de Cuba, y más tarde, se creó el sistema de Servicio Militar Obligatorio (SMO). Esto significaba que los niños tenían que unirse al ejército el 1 de enero de sus 16^{años}, servir en servicio activo durante tres años y luego ser enviados a las reservas del ejército hasta la edad de 50 años.

Mi padre quería que fuera libre para asistir a la universidad, y quería que prosperara en base a mis propias habilidades. No quería que entrara en el ejército de Castro porque sabía que significaba pasar la próxima década o más de mi vida en cautiverio. Sobre todo, no quería vernos a mí o a mis hermanos tener éxito perdiendo nuestros ideales y adaptarnos a un estilo de vida comunista.

Además de avisar al gobierno que planeaba abandonar el país; mi padre más tarde buscó una visa para que me fuera para evitar el ejército. Pronto aprendió cómo Castro trataba a aquellos que no estaban de acuerdo con el nuevo régimen. Mi padre fue despedido de su trabajo como *anotador*, y el gobierno incluso confiscó su pequeño taller de carpintería. Recuerdo que me dijo lo que él le dijo a los funcionarios del gobierno que vinieron a cerrar su taller. "Puedes quitarme mi taller y mis herramientas, pero no puedes quitarme lo que sé y lo que puedo hacer con mis manos".

Las autoridades lo enviaron a un nuevo trabajo. Iba

a trabajar en los campos tropicales cubanos como cortador de caña de azúcar. Fue un trabajo agotador, aunque nunca lo escuché quejarse. Solo se nos permitía verlo cada 45 días cuando iba con mi madre a llevarle ropa limpia y comida. En todo menos en el nombre, mi padre se había convertido en un prisionero político, cumpliendo condena en trabajos forzados por el crimen de querer ser libre.

Y también hubo otros cambios terribles. Para todos los estudiantes de sexto grado, la Revolución significó el final de esas vacaciones de verano despreocupadas junto a la playa. Ahora, bajo Castro, trabajábamos en los campos durante un mes cada verano. El gobierno si hizo dueño de todas las granjas, y necesitaban trabajadores. Mi trabajo, bajo el ardiente sol de verano, consistía en arrancar las malas hierbas de interminables hileras de siembros de patatas. En un descarado intento de relaciones públicas de dar un giro positivo a estos campos de trabajo infantil, el gobierno los llamó *"escuelas al campo"*.

Mirando hacia atrás, no recuerdo una escuela, recuerdo una prisión. Los dormitorios estaban dispuestos al estilo militar en tiendas de campaña con catres de hierro. Teníamos baños comunes con letrinas excavadas en la tierra, las moscas y el hedor eran abrumadores. La comida provenía principalmente de la Unión Soviética: leche en polvo, carne enlatada, pan lleno de insectos. La mejor parte de cualquier comida fue arroz y frijoles al estilo cubano.

El verano siguiente, nos enviaron a trabajar durante 45 días en los campos, y me gradué para cortar ñames para que pudieran ser plantados de nuevo. Me dieron un cuchillo oxidado para hacer el trabajo, y recuerdo haberme cortado en una de mis manos. Todavía tengo la cicatriz.

Libertad: Salir de Cuba en un Jumbo Jet

Como dije, los problemas de mi padre comenzaron el día en que le informó al gobierno que quería irse de Cuba. Perdió su trabajo, su carpintería y su libertad, pero no perdió su lugar en la lotería esperando salir de Cuba. Solo varios miles de visas eran otorgadas anualmente sobre una base de lotería

Esta foto con mis hermanos fue tomada el mismo día de la foto de mi pasaporte

para los Vuelos de la Libertad a Miami. Nunca sabías cuándo, o si, llegaría tu turno de irte.

Como yo era el hijo mayor, la prioridad de mi padre era sacarme de Cuba para que pudiera evitar ser reclutado. Si eso sucediera, estaría atrapado en Cuba durante al menos 10 años. Después de salir, el resto de la familia pudo esperar y seguirme cuando llegara su turno. Todos esperamos sin aliento a que llegara mi visa.

Mi padre había descubierto un programa dirigido por la Iglesia Católica en España. Teníamos parientes que ya habían salido de Cuba para ir a Estados Unidos, y mi padre les contó sobre el reclutamiento y las luchas que enfrentamos bajo el régimen de Castro. Creo que fue mi tía Belinda, que entonces vivía en Indianápolis, quien le contó a mi padre sobre el padre Camiñas, que ahora es una leyenda mítica, y su programa para sacar a los niños de Cuba a su campamento en España. A partir de ahí, los niños podían obtener visas que les permitían viajar a los Estados Unidos. Un plan había nacido.

Mi tía y otros familiares que viven en Estados Unidos ayudaron a mis padres a conseguirme un boleto de avión a Madrid, la ciudad más cercana al campamento del Padre Camiñas.

Estaba en mi segundo año de *"escuela al campo"* en séptimo grado. Recuerdo que mi madre y un vecino llamado Mario, que era el presidente de nuestro vecindario y el único con un jeep del gobierno, vinieron al campamento a recogerme. Era la hora de la cena, y estaba en el comedor común cuando vi a mi madre entrar con uno de los maestros. No pudo ocultar su alegría y me dijo que habíamos recibido la aprobación y la visa más importante para que saliera de Cuba. Recuerdo que muchos de los otros niños me felicitaron, y luego me preguntaron si se podían quedar con algunas de mis cosas, especialmente la comida (pizza y dulce de leche) que mi madre y mi tía Tati me traían los fines de semana. También regalé mi ropa de cama y el colchón que recibí cuando llegué al campamento.

Rumbo a La Habana

Recuerdo mi emoción y anticipación por este nuevo giro en mi vida. Me electrificó. No recuerdo haber sentido miedo en absoluto, solo la emoción que experimentan la mayoría de los niños de 13 años cuando se embarcan en una aventura increíble. Mi madre y mi tía Tati estaban llorando todo el tiempo, y recuerdo haber dicho: "No tienes que llorar. Estaremos bien. Estoy bien. No tienes que preocuparte por mí".

Ahora, como padre, me doy cuenta de que temían la posibilidad muy real de tal vez no volver a verme,

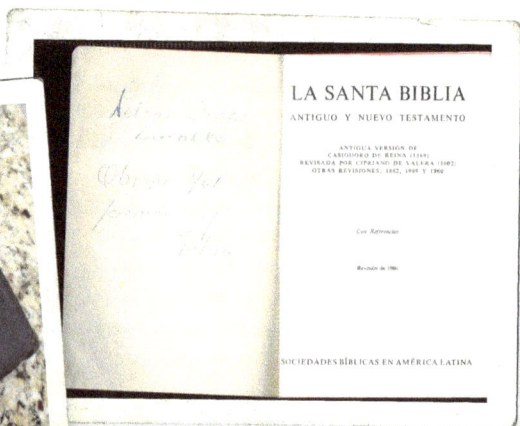

La biblia con que salí de Cuba

una perspectiva que nunca cruzó mi mente de 13 años. Ahora que soy padre, también me doy cuenta de lo protector que uno es con sus hijos cuando son tan pequeños. Cuando pienso en retrospectiva, entiendo el miedo de mis padres por mí, y puedo ver por qué parecían tan desconsolados.

Llegamos al aeropuerto José Martí de La Habana, y cuando llegó el momento de abordar el avión, la gente del aeropuerto me llevaron a esta habitación especial. Lo llamaban *La Pezera*, la palabra española para "tanque de peces". Era una habitación totalmente de cristal donde esperabas tu turno para abordar los aviones estacionados en la pista de abajo. Era hora de despedirme de mi familia.

El consejo de mi padre fue severo mientras sostenía

la Biblia encuadernada en cuero que me había dado varios años antes. Primero, me dijo que no discutiera con ninguno de los funcionarios o personal de la aerolínea. Y como sabíamos que los comunistas no respetaban la religión, me dijo que entregara inmediatamente la Biblia sin argumentos si alguien me lo pedía. Finalmente, dijo, no importa la razón, pero no debía darme vuelta y buscarlos mientras caminaba hacia el avión ni despedirme. Mi padre me advirtió que en realidad no estaría libre del dominio cubano hasta que llegara al avión, que oficialmente era territorio español, así que sería mejor que no llamara la atención mostrando emoción.

Caminé por la pista hacia el avión, agarrando la Biblia con fuerza en mi mano, temeroso de ser detenido en cualquier momento por los hombres de uniforme de aspecto aterrador. Cuando estuve lo suficientemente cerca como para subirme al avión superando a cualquiera que intentara detenerme, giré la cabeza para buscar a mi familia.

Encontré sus caras manchadas de lágrimas rápidamente entre la multitud en la terraza del aeropuerto. Una vez que los tuve en la mira, sonreí tan ampliamente como pude, saludé con una mano y, con la otra, sostuve la Biblia en alto sobre mi cabeza. Así fue como me despedí de mi familia y les aseguré que iba a estar bien.

SAN LORENZO DE EL ESCORIAL

CAPÍTULO 2

TODOS A BORDO: MI VIAJE HACIA LA LIBERTAD

Cuando abordé el avión de Iberia Airlines, las azafatas (como se llamaba entonces a las aereomozas) me saludaron calurosamente. Nunca había visto mujeres tan hermosas. Para mí, eran diosas compasivas en uniforme. Nos trataron como si fuéramos una carga preciosa. Digo "nosotros" porque resultó que yo era uno de los siete niños cubanos que volaban solos a Madrid. Debe haber sido claro para la tripulación que ninguno de nosotros nunca había estado lejos de nuestras mamás y papás anteriormente. Un niño, el más pequeño de nosotros, lloró durante todo el vuelo de siete horas, a pesar de nuestros mejores esfuerzos para consolarlo.

Me quedé asombrado cuando una de las azafatas

me dirigió a mi asiento, donde, como cualquier niño, inmediatamente comencé a jugar con la perilla del aire acondicionado, las luces y la persiana de la ventana. Las azafatas nos entregaron mantas, almohadas y calcetines. Me quedé estupefacto al experimentar tal amabilidad y generosidad exageradas.

A diferencia de mi pequeño compañero de vuelo que lloraba inconsolablemente, yo estaba volando alto tanto literalmente como espiritualmente en esta aventura. Me sentí como un astronauta, un piloto, un pionero. Estaba estableciendo un rumbo para mi nueva vida, una vida que estaría lejos de los campos cubanos y forzado a trabajar bajo un sol abrasador. Aunque no tenía idea de lo que me esperaba, solo tenía entusiasmo por el futuro, ningún temor en absoluto.

Aterrizamos en Madrid temprano en una fría mañana de febrero, y recuerdo haber visto la niebla brumosa fuera de las ventanas del avión. Sentí como si hubiera caído bajo un hechizo mágico. El Aeropuerto Internacional de Madrid-Barajas era enorme, impresionante y muy, muy concurrido. Nunca había visto nada igual.

Un representante de la iglesia católica nos recibió en nuestra puerta. Nos explicó que estaríamos bajo su cuidado, y lo llamamos *"El Mando",* que significa autoridad. Él y su esposa vivían en el campamento patrocinado por la iglesia para niños cubanos que escapaban del ejército, y eran responsables de cuidarme a mí y a los otros niños.

Libertad y lucha en España

Mientras caminaba por el aeropuerto, de repente me di cuenta de que ya no estaba en Cuba. Estaba en España, donde podía comprar y comer lo que quisiera, ¡no más pan con gorgojos! Cuando el amable *El Mando* me preguntó si queríamos algo, pedí una Coca-Cola y chicle. Puso algunas monedas en una máquina expendedora y me entregó esas golosinas mágicas.

Luego, como una banda de paticos, los siete niños seguimos *a El Mando* hasta el metro de Madrid, otra experiencia deslumbrante. Nos dirigíamos a encontrarnos con el padre Antonio Camiñas, el sacerdote responsable del programa de rescate de niños cubanos. Íbamos a reunirnos con él en su catedral de Madrid.

Cuando llegamos, el camino a la oficina del Padre Camiñas nos llevó a través de la tenue y antigua grandeza de la catedral. Mientras *El Mando* nos conducía a través del laberinto dentro de la iglesia, con sus techos infinitamente altos, estatuas de rostro sombrío, crucifijos ensangrentados, vidrieras y tallas elaboradas, me picó de terror. ¿Podría ser este mi nuevo hogar? La idea de vivir en un lugar tan oscuro y morboso me aterrorizaba. ¿En qué me había metido?, me preguntaba. Nunca siendo del tipo tímido, hice la pregunta.

Para mi alivio, *El Mando* sonrió y respondió que acabábamos de parar en la catedral para presentar nuestros respetos al Padre Camiñas y que nuestro destino final sería el campamento llamado Albergue Juvenil Santa María del Buen Aire, ubicado en la localidad de San Lorenzo de El Escorial. La ciudad, situada al noroeste de Madrid, contiene el Real Monasterio de San Lorenzo de El Escorial construido por el rey de España Felipe II en el siglo 16. Hoy en día, es una meca turística.

Nos encontramos con el padre Camiñas en su oficina, donde nos saludó calurosamente y nos ofreció unas aceitunas. Mirando hacia atrás, recuerdo lo bien que sabían las aceitunas. Nunca antes había comido o visto aceitunas, que no crecen en Cuba, y después de la revolución de Castro me imagino que serían un lujo conocido solo por los funcionarios del gobierno.

Campamento Santa Maria del Buen Aire

Después de nuestra visita, *El Mando* nos llevó al metro, que tomamos hasta la estación de tren de Atocha, una estación de tren enorme, grandiosa y elegante, pueden imaginarse el Grand Central Station en la ciudad de Nueva York. Desde allí teníamos aproximadamente una hora de viaje en tren *a El Escorial,* al que finalmente llegamos a la hora de la cena.

Así que allí estábamos: siete jóvenes completamente exhaustos y hambrientos. Apenas habíamos dormido en el avión, y no habíamos comido en todo el día, a menos que cuentes la ofrenda de aceitunas del padre Camiñas.

En el campamento, nos llevaron a un comedor donde se instalaron mesas al estilo de una cafetería. Cada uno de nosotros fue asignado a una mesa diferente, y cada mesa tenía un jefe que estaba a cargo de servir la comida de los tazones grandes que salían de la cocina.

En un instante, la magia de esta maravillosa nueva experiencia se evaporó y las cosas se pusieron feas rápidamente. El jefe de mi mesa dijo: "Los nuevos no están comiendo esta noche", y nos quitaron los platos. Esta acción del jefe se llamó "la puñalada", y así fue como los niños saludaron a la mayoría de los recién llegados. Todos los chicos nuevos teníamos que mirar con hambre mientras los demás devoraban su comida. Y luego nuestra situación empeoró aún más. Cuando salimos del comedor, los "viejos" muchachos comenzaron a golpear a los nuevos. Se burlaban de nosotros, nos empujaban, nos golpeaban, era una especie de novatada terrible.

Grité una maldición sobre sus madres, un insulto vulgar, y eso enfureció al viejo grupo y me señaló como el alborotador del nuevo grupo. Estábamos a punto de cruzar un pequeño puente sobre un arroyo para llegar a nuestros cuarteles, y pude ver a los niños, alrededor de 40 de ellos, alineados a ambos lados. Tuvimos que pasar entre dos líneas de ellos, y me golpearon cuando pasé. Cuando finalmente caí en mi cama, me metí la manta en la boca. Me negué a dejar que me escucharan llorar.

La vida en El Escorial

Las novatadas y el terrible trato duraron aproximadamente una semana. Fuimos constantemente intimidados, hasta que llegó el siguiente grupo de chicos nuevos de Cuba. Me da un poco de vergüenza decir lo aliviado que estaba de convertirme ahora en uno de los "viejos" muchachos. Me uní a la pandilla mientras se novataban y golpeaban a los recién llegados. Estaba aterrorizado de no hacerlo y sentí la presión de encajar con el grupo, así que participé.

Aunque *El Escorial* era ciertamente una situación mejor que la que había experimentado en "escuela al campo" en Cuba esos dos veranos, todavía era bastante incómodo. Los dormitorios estaban al otro lado del arroyo desde el comedor. Eran largas estructuras de un

El campamento

piso, separadas en pequeñas habitaciones que contenían dos literas. Cada edificio tenía dos alas con un área social central que tenía un televisor, así como baños con duchas. Sin embargo, no había agua caliente, por lo que las duchas estaban heladas. Hacía saltos de tijeras antes de entrar a la ducha, solo para calentarme un poco. El campamento fue utilizado por los jóvenes españoles durante el verano, y no estaba equipado para el frío del invierno.

Ahora me sorprende darme cuenta de la poca supervisión que teníamos en el campamento. Aunque *El Mando* y su esposa estaban disponibles para proporcionar cierta supervisión, se quedaban en su departamento la mayor parte del tiempo, por lo que nos dejaron a nuestra suerte. No tomábamos clases ni teníamos ningún trabajo escolar que hacer.

Tampoco vimos mucho del padre Camiñas. Recuerdo que visitó el campamento solo una vez mientras estuve allí. También recuerdo que una condesa nos visitó una vez. Aparentemente proporcionó apoyo financiero para el programa, y llegó en una limusina brillante. Era la primera vez que veía un coche tan grande. Recuerdo que salió de su auto y nos abrazó a todos.

Tal vez porque había tan poca supervisión, los chicos organizaron muchos juegos de lucha, incluido uno aterrador llamado *pilitas*. En este "juego", el jefe y líder del grupo eligía a un niño para acostarse en el suelo, luego el resto de nosotros nos lanzábamos amontonados encima de él. Daba bastante miedo si eras uno de los chicos de abajo porque sería muy difícil respirar. También tuvimos peleas a puños desnudos, que se detendrían cuando uno de los boxeadores comenzara a sangrar.

A pesar de estos "juegos", la vida *en El Escorial* era en su mayoría aburrida y aburrida. Sentía nostalgia por mi familia en Cuba. A veces, los fines de semana, los otros niños y yo íbamos al café en el centro de la ciudad para jugar billar y pinball. La canción *"Cuando Salí de Cuba"*, que nunca había escuchado antes, a menudo sonaba en la máquina de discos. La canción comienza con

Disfrutando en España con mis amigos Magdaleny and Geraldo

la línea: "Cuando salí de Cuba, dejé mi vida, dejé mi amor". Todavía me emociono pensando en ello.

Pasé mucho tiempo escribiendo a mis padres y a mi familia en Cuba. Pegaba chicle dentro de las cartas para enviarlas a mi hermano, hermana y primos.

Aún así, ocasionalmente logré crear mi propio entretenimiento. Usando el poco dinero que mi familia me enviaba, de vez en cuando viajaba a Madrid en tren y metro para visitar a unos amigos de la familia que había vivido al lado de la casa de mi abuelo en Cárdenas. Me llevaban a los parques y al zoológico con sus hijos Magdaleny y Geraldo.

Mi estancia en España me enseñó a ser independiente, a confiar en mí mismo. Se podría decir que nunca fuí un adolescente. Pasé directamente de la infancia a adulto, y extrañaba tener esa vida despreocupada que la mayoría de los adolescentes conocen.

Partiendo hacia América

Mi estancia en *El Escorial* duró unos cuatro meses, desde febrero de 1970 hasta junio. Fui uno de los afortunados porque la hermana mayor de mi padre, mi tía Belinda, me patrocinó para una visa para salir de España hacia América. Los niños que no tenían patrocinadores terminaron pasando un tiempo mucho más

Preparándome para salir de España para los Estados Unidos

largo en el campamento.

Así que ahora me embarqué en otra aventura. Comenzó el día en que *El Mando* vino a decirme que mis documentos estaban en orden, y que pronto partiría hacia los Estados Unidos. En preparación para irme, me llevó a unas de las famosas tiendas en España, *El Corte Inglés*, comparable a un Macy's. La tienda tenía la tradición de suministrar a cada niño del campamento un par de zapatos, una camisa, pantalones, corbata y una chaqueta deportiva antes de salir de España hacia los Estados Unidos. Es posible que la propia tienda o la condesa pagaran por el traje nuevo de cada niño. Recuerdo vestirme con mi "ropa de viaje" y estar de pie con orgullo mientras el fotógrafo de la tienda tomaba mi retrato.

Estaba encantado de que finalmente iba a reunirme con mi familia, especialmente con mi tía Belinda y mi tío Amado. No podía esperar para experimentar la vida en los Estados Unidos, especialmente porque recordaba haber hablado con mis padres en Cuba sobre lo grandioso, abierto y libre que era allí.

Finalmente dejé Madrid en junio de 1970, mi estancia de cuatro meses me pareció toda una vida. Me puse mi nuevo y elegante atuendo para mi viaje en avión, y una etiqueta con mi nombre colgaba alrededor de mi cuello. Tenía solo 13 años y estaba haciendo mi segundo viaje transoceánico solo. Me alegró descubrir que estas azafatas hablaban español, lo que hizo que el vuelo se sintiera familiar y agradable. Aún así, se sintió como un viaje muy largo.

Cuando llegué a la terminal Pan Am en el aeropuerto de JFK, me encontré con una mujer que me llevó a la terminal de TWA para mi vuelo de conexión a Indianápolis. Desafortunadamente, la tripulación a bordo de este vuelo no hablaba español, y yo estaba en pánico y confundido cuando el avión hizo una parada en algún lugar de Ohio que no esperaba.

¿Debo permanecer a bordo? ¿Debo bajarme? La azafata no podía entender mis preguntas, y me preocupaba que fuera a cometer un error. La azafata me bajó del avión y fue conmigo al mostrador de servicio de la pasarela para verificar mis documentos con el personal de servicio. Después de eso, me llevó de vuelta a mi asiento en el avión. Todavía puedo recordar el suspiro de alivio que se me escapó cuando estaba de vuelta en el avión cuando despegó hacia Indianápolis.

INDIANAPOLIS, INDIANA

CAPÍTULO 3

CONOCIENDO A MI FAMILIA AMERICANA

Mi tía Belinda y mi tío Amado me recogieron en el Aeropuerto Internacional de Indianápolis. Aunque no los había visto en años, los reconocí de inmediato. Mis padres guardaban sus fotos en nuestra casa en Cuba, así que ciertamente sabía cómo se veían, y cuando vi a mi tía cara a cara, supe que era de la familia. Había traído regalos para ellos: para mi tía, un par de bailarines de flamenco, y para mi tío, un toro y un matador, regalitos turísticos típicos que había comprado en una tienda de regalos del aeropuerto. A pesar de lo baratos que deben haber sido, les encantaron sus regalos y me dijeron cuánto los apreciaban.

Era principios de junio de 1970. Mi tía y mi tío vivían en una casa estilo rancho de dos habitaciones en el vecindario de Lawrence, un cómodo suburbio de clase media de Indianápolis. Mi tía Belinda era maestra de español en la escuela secundaria, y el tío Amado era empleado de RCA. Ambos trabajaban durante el día. La noche antes de pasar mi primer día solo en la casa, mi tía me mostró dónde estaba todo en la cocina y me enseñó a hacer un sándwich de jamón y queso.

Su hijo y único hijo, mi primo, también llamado Amado, estaba ausente sirviendo en la Fuerza Aérea. Me dieron su dormitorio, que estaba lleno de lujos que nunca había soñado tener. Un televisor y un tocadiscos propios, ¡¡imagínate! Me sentí como si estuviera en el cielo.

Mis tíos Belinda y Amado

Trabajé duro para hacerme útil a mis tíos. Poseían dos autos, ambos Chevrolet, un Impala y un Corvair. Decidí que sería mi trabajo fregarlos por dentro y por fuera cada semana.

Cuando mi tío Amado vio mi interés en sus autos, me enseñó cómo revisar el aceite y los fluidos. También me enseñó cómo ponerlos en marcha y moverlos para que estuvieran más cerca de las mangueras de agua. Estaba tan feliz de ganarme su confianza, y me encantaba encender los motores por la mañana para ellos para calentar el auto. Estas habilidades serían útiles en unos pocos meses cuando pudiera aprovechar mis conocimientos básicos de automóviles en un trabajo renunerado.

El tío Amado también me enseñó a cortar el césped. Cuando vio lo mucho que disfrutaba haciéndolo, me ayudó a establecer mi propio negocio de corte de césped. Me dejó usar su cortadora de césped y me animó mientras iba de casa en casa buscando trabajo con los vecinos. Era la primera vez que ganaba mi propio dinero, y llevó mi confianza en mí mismo a la estratosfera. Ahora podía comprar mi propia ropa y otras necesidades. El tío Amado fue quien alimentó mi deseo de ganar mi propio dinero, y más tarde convertirme en empresario.

La tía Belinda y el tío Amado se convirtieron en mis segundos padres. Me amaban y me trataban como a su propio hijo. Debido a que su hijo estaba lejos en la Fuerza Aérea, probablemente estaban felices de tener un niño cerca que pudieran criar en su lugar. Los amé mucho y los extraño hasta el día de hoy.

A pesar de que era maduro y responsable a mi edad, había muchas habilidades que necesitaba adquirir. Mi tía, por ejemplo, me enseñó modales adecuados en la mesa: la postura correcta para sentarse a la mesa, cómo sostener y usar utensilios, y cómo conversar en un tono de voz tranquilo. Recuerdo mi primer viaje a una gran tienda estadounidense con mis tíos. Me sorprendió su tamaño y variedad de productos a la venta. Mi tía estaba comprando en un lado de la tienda, y yo estaba en el otro. Y en español, grité: "¡Tía! Tía!! ¡Mira esto!" Se apresuró hacia mí, miró el objeto de mi fascinación y luego me habló muy suavemente, también en español, casi susurrando: "Mi sobrino, en este país, la gente habla en voz baja. No gritan".

Su susurro para mí hizo un punto que se ha quedado conmigo hasta el día de hoy. En este país, la gente tiende a ser un poco más reservada. No hablan en voz alta ni gritan ni siquiera tocan música en público, todo lo cual era aceptable en la cultura de la que vengo. Necesitaba aprender a comunicarme un poco más tranquilamente si quería asimilarme a mi nuevo país.

Claramente, todos esos chicos ruidosos en mi campamento de España reforzaron comportamientos que ahora definitivamente necesitaría olvidar.

Me encantó ser parte de la comunidad cubana de Indianápolis, que mis tíos me presentaron. Era su propio mundo pequeño, y muchos de sus miembros estaban relacionados entre sí. Este fue un momento cálido y feliz para mí: amigos, familiares y vecinos me trataron bien. Nadie era extranjero o extraño. Todos los niños querían ser mis amigos, y yo me sentía tan popular como una estrella de cine.

Los fines de semana, solíamos visitar a la familia de mi tío, donde todos eran amables conmigo. Cumplí 14 años ese verano, y recuerdo que me

Mis tíos Belinda y Amado en su casa de Indianapolis

organizaron una fiesta, completa con regalos. Me
sentí rodeado de amor.

Comenzar la escuela, aprender inglés

Debido a que mi tía era maestra, pudo inscribirme en
la escuela de verano para que pudiera aprender inglés.
Ella me llevaba allí una hora antes de que comenzaran
las clases, y arregló que un terapeuta del habla traba-
jara conmigo en privado durante esa hora. Usando
tarjetas didácticas, el terapeuta me enseñó la pronun-
ciación correcta. Trabajar intensamente de esta
manera me permitió aprender inglés bastante rápido,
y pronto estaba usando palabras en inglés y hablando
en oraciones cortas.

Era demasiado joven para saber sobre citas, pero
salía con una chica que me gustaba mucho. Pensé en
ella como mi novia, y sobre todo tratamos de comuni-
carnos entre nosotros. Usé un diccionario inglés-es-
pañol para traducir nuestras conversaciones, ¡estar
motivado por el amor de cachorro ciertamente mejoró
mi inglés! Aprendí a decir "Te amo" muy rápidamente.
Me invitó a su casa para conocer a su familia. Su
madre me ofreció una rebanada de pastel de calabaza
caliente. Nunca había comido un postre caliente antes

y pensé que era bastante extraño. No me gustó, pero no lo dejé. Lo comí alternando cada bocado con un trago de agua.

Hice un progreso constante con mis estudios de idiomas. Sentí que no tenía otra opción si quería disfrutar de mi nueva vida. El único lugar donde hablaba español ahora era en casa con mi tía y mi tío o con otros miembros de mi familia cubana.

En la escuela, yo era el único estudiante de habla hispana y, por lo que recuerdo, el único extranjero. Entonces, me sumergí en el idioma inglés y la cultura estadounidense y aprendí ambos tan rápido como pude. A pesar de que no podía comunicarme completamente con mis nuevos amigos, me aceptaron y me abrazaron. Parecía que todos en la escuela querían pasar el rato conmigo. Estaba viviendo el sueño de un adolescente. Los padres de mis nuevos amigos me llevaron a los parques y a la piscina comunitaria. Recuerdo lo sorprendentemente fría que se sentía el agua en comparación con las hermosas y cálidas playas cubanas.

Una vez que comenzaron las clases en septiembre, me inscribí en el octavo grado, a pesar de que no había terminado el séptimo grado en Cuba. Aunque estaba muy atrasado en inglés, pude hacer frente bastante bien a mis clases de matemáticas y ciencias. Descubrí que podía entender los términos científicos, que provienen del latín, por lo que eran familiares para un hispanohablante. Estaba orgulloso de mí mismo por ser capaz de hacerlo tan bien en tan poco tiempo.

Aunque yo era el único inmigrante en mi escuela y en el vecindario, nunca sentí ningún prejuicio de ninguno de mis nuevos amigos estadounidenses. Me sentí completamente acogido por ellos y su deseo de ayudarme. Aunque mi comprensión del inglés estaba lejos de ser perfecta, me adapté muy rápidamente a mi nueva vida. Esta lección me enseñó que los niños inmigrantes pequeños deben sumergirse en su nuevo entorno lo más rápido posible.

Mirando hacia atrás, creo que cuando te encuentras en una situación de "hundirse o nadar", aprendes y haces lo que puedes para mantenerte a flote muy rápidamente y sobrevivir.

Alegría agridulce

Un día, poco después de que comenzara el nuevo período escolar, mi tía Belinda me llevó a un lado. Ella me dijo que a mi familia finalmente se le habían otorgado sus visas, y que estaban a punto de hacer el corto viaje a Miami. Fiel a la forma indiferente en que los cubanos castristas trataban a sus ciudadanos, mi familia solo recibió un aviso de unos días antes de que tuvieran que empacar la cantidad permitida de ropa y salir del país sin posesiones ni dinero. En solo unas semanas, volaría a Miami para unirme a ellos. Nunca me pude imaginar cuánto iba a cambiar mi vida, otra vez.

MIAMI, FLORIDA

CAPÍTULO 4

LA VIDA EN MIAMI, A MILLONES DE MILLAS DE INDIANÁPOLIS

En octubre de 1970, el teléfono sonó en la casa de la tía Belinda. Cuando mi tía me puso en la llamada, escuché la voz de mi madre por primera vez en meses. ¡Ella estaba llamando desde Miami! Finalmente, por fin, mis padres y mis hermanitos pequeños habían escapado de Cuba y habían llegado a América. Mi madre lloró lágrimas de alegría cuando escuchó mi voz después de nuestra larga separación.

Mi familia fue admitida en este país gracias al patrocinio del hermano menor de mi padre, Rinaldo. Mi tío y mi padre eran muy apegados en Cárdenas, y mi tío, que había emigrado a Miami en los años 60, ya

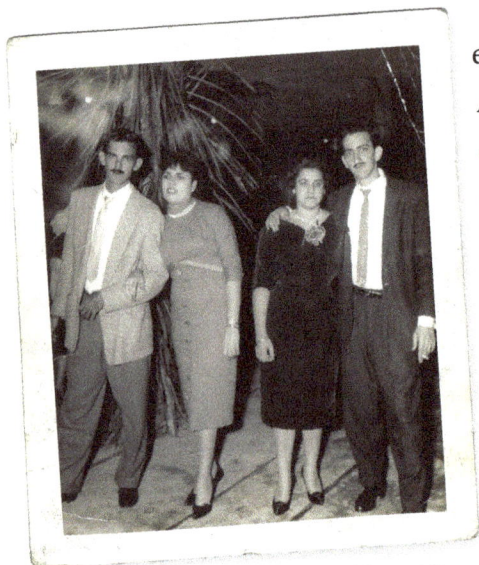

Mi padres con mi tío Rinaldo y su esposa Oneida en Cuba alrededor 1954.

estaba establecido allí. Además de ser carnicero en una tienda de comestibles, también dirigió un negocio paralelo pintando nuevos proyectos de construcción. Necesitaba ayuda, así que creo que convenció a mi padre de quedarse en Miami a pesar de que el plan original de mis padres era ir a Indianápolis.

Antes de que mi familia se fuera, las cosas en Cuba habían cambiado para ellos. El gobierno sacó a mi padre de los campos de caña de azúcar y lo estacionó en la ciudad de Matanzas, a una hora de distancia, donde lo asignaron para ayudar a reconstruir el puerto de la ciudad. Los funcionarios deben haberse dado cuenta de que sus habilidades de carpintería finamente perfeccionadas se desperdiciaban en los campos cortando caña de azúcar. La necesidad de carpinteros capacitados, especialmente aquellos con algún conocimiento de los barcos, era urgente porque

Castro estaba renovando el puerto de Matanzas para que los barcos militares rusos pudieran atracar allí.

La familia de mi madre tuvo que apoyarla mientras esperaba que llegaran las visas de nuestra familia. Ella vendió sus joyas y sus pocas reliquias familiares para poder alimentar a mis hermanitos pequeños mientras mi padre estaba fuera. La vida bajo Castro continuó siendo cruel para mi familia, aunque mi padre ya no era esclavo bajo el sol en los miserables campos de caña de azúcar, todavía estaba separado de su familia y su situación financiera era desesperada.

Amontonados en Miami

Mi padre cambió nuestra vida algo cómoda por años de privación y sacrificio con la desesperada esperanza de que hacerlo lo ayudaría a asegurar un futuro mejor para todos nosotros. Tomó años, pero finalmente llegaron las visas de mi familia y pudieron obtener cuatro asientos en uno de los Vuelos de la Libertad que salían de Cuba hacia Miami a principios del otoño de 1970.

Una vez que llegaron las visas de mi familia, abordaron un vuelo a Miami. La ciudad era un imán natural para los inmigrantes cubanos. Se hablaba español, el clima se sentía como en casa y los comerciantes vendían productos familiares para nosotros.

Cuando mis padres, mi hermano y mi hermana aterrizaron, el plan era que se mudaran a un pequeño apartamento de dos habitaciones con mi tía Hortensia, mi tío Wilfredo y mi prima Bibiana. Fue un paso temporal antes de que encontraran su propio apartamento, pero fue difícil. Siete personas en ese pequeño apartamento era un apretón muy apretado.

Debido a que no había espacio allí para que me uniera a ellos, no podía mudarme a Miami hasta que mis padres tuvieran su propio lugar. Pronto, encontraron un apartamento de una habitación en el mismo complejo donde vivían mi tía Hortensia y mi tío Wilfredo, y volé a Miami para unirme a ellos.

Ahora cinco de nosotros nos metimos en un apartamento de una habitación. Fue un cambio drástico para

El edificio de apartamentos donde viví con mis padres y hermanos en Miami

mí. Pasé de tener mi propia habitación a compartir una cama individual con mi hermano, Miguel, mientras mi hermana Belinda dormía en el sofá de la sala. Nuestro complejo de apartamentos estaba a una cuadra del departamento de bomberos y de un cruce de ferrocarril. También estaba a una milla más o menos del Aeropuerto Internacional de Miami y directamente en la ruta de vuelo de una de sus pistas de aterrizaje. Era una diferencia de día y noche con el tranquilo suburbio de Indianápolis de la tía Belinda.

Todavía recuerdo el ruido implacable. Era suficiente para volver loco a cualquiera, especialmente a un niño que se había acostumbrado a vivir en un suburbio tranquilo y pacífico. Las ventanas del apartamento vibraban ruidosamente cada pocos minutos cada vez que los aviones aterrizaban o despegaban. Los sonidos de las sirenas y los silbatos de los trenes eran constantes. Se sentía como si todo el apartamento estuviera temblando permanentemente.

Estaba feliz de estar con mis padres y hermanos de nuevo, pero nuestro apartamento era un lugar difícil para vivir, y extrañaba mi vida y mis amigos en Indiana.

Nuestro complejo de apartamentos estaba en una sección un poco peligrosa en el noroeste de Miami. El tío Rinaldo, el hermano menor de mi padre, les dijo a mis padres que me inscribieran en una escuela que servía al mejor lado suroeste de Miami, donde vivían los cubanos más establecidos, y donde vivía con su familia.

Poco después de inscribirme y comenzar las clases en la "buena" escuela, las autoridades lo descubrieron y me dijeron que estaba en el distrito equivocado. Fue entonces cuando me encontré comenzando el octavo grado por tercera vez en ese año escolar, esta vez en una escuela en el vecindario más pobre donde vivíamos.

A mi nueva escuela asistían principalmente niños negros y cubanos, y la relación entre los dos grupos era tensa. Creo que la tensión se basaba en la competencia por los puestos de trabajo. Los pobres en Miami temían que la gran ola de nuevos inmigrantes cubanos les quitara sus empleos y otros recursos.

Aprendí que tenía que alinearme con un grupo u otro solo para mantenerme fuera de problemas. Naturalmente, me alineé con los niños cubanos e hispanos. Recuerdo que las peleas estallaban casi todos los días después de la escuela. En realidad, las habilidades de boxeo que aprendí en España fueron útiles, ya que aprendí cómo protegerme y cómo pelear.

Mirando hacia atrás, todo lo que realmente recuerdo son las peleas. Cuando se trata de mis días escolares, no recuerdo nada. Supongo que eso te dice lo que realmente impacta la mente de un adolescente. Aunque no lo sabía en ese momento, resultó que solo estaría en Miami unos meses antes de que nuestra familia se mudara a Nueva Jersey. Entonces, las partes más dramáticas de mi corta estadía en Miami fueron lo que mi cerebro retuvo, y eso fue las peleas, no el trabajo escolar.

Las batallas tomaron la forma de niños que se atacaban entre sí principalmente desde la distancia, lanzando piedras y palos. Rara vez había peleas de niño a niño. Afortunadamente, nadie tenía armas, ciertamente no armas ni cuchillos. Solo teníamos 14 años, y en realidad, no éramos tan duros, a pesar de nuestras actitudes de tipo duro. Supuse que nos imaginábamos a nosotros mismos como pequeños gángsters. Aunque ahora me doy cuenta de que esto podría no haber sido una situación potencialmente mortal para mí, como las sangrientas y a veces fatales peleas de pandillas que ves en las películas, me dio miedo en ese momento. Era una forma difícil y traumática para que un niño viviera cada día.

Encontré mi nueva forma de vida impactante. Nunca antes había estado involucrado en peleas por motivos raciales. Una cosa sobre Cuba cuando estaba creciendo era lo multicultural que era, con todos los grupos étnicos mezclándose fácilmente socialmente y llevándose bien entre sí. En Cuba, tuve amigos de todos los colores cuyos antepasados vinieron de todas partes del mundo. En Indianápolis, me hice amigo de todos de inmediato, a pesar de que solo hablaba unas pocas palabras de inglés.

Fue una historia diferente en Miami. Cada grupo étnico se mantuvo a sí mismo, y cada grupo resintió a personas de otros orígenes. Todo esto fue desconcertante para mí. Y si las constantes tensiones raciales, el ruido implacable, la terrible escuela, el apartamento tan pequeño y los combates no eran lo suficientemente desafiantes, también teníamos que lidiar con ser muy pobres.

Todo parecía más difícil para nosotros en Miami. Tomemos las compras, por ejemplo, fue una tarea terrible. Recuerdo que solíamos caminar por lo que parecían ser millas para comprar comida en una de las tiendas de comestibles más grandes porque los precios en las bodegas locales estaban por las nubes. Todos caminábamos de regreso a nuestro apartamento con bolsas de plástico llenas de comida. Recuerdo a mi hermana pequeña, Belinda, y a mi hermano, Miguel, que tenían solo seis y ocho años en ese momento, ayudando a llevar las bolsas. La caminata fue larga y el calor de Miami fue intenso.

Apenas sobrevivimos con el cheque de pago de mi padre. Ganaba 70 dólares a la semana, y tenía que tomar varios autobuses cada día para llegar a su trabajo en una fábrica de muebles. El negocio de pintura lateral de mi tío se había derrumbado, y mi padre era el único que trabajaba, esas ganancias simplemente no podían mantenernos a todos.

Aunque nuestra estadía en Miami fue corta, logré encontrar un trabajo en una gasolinera después de la escuela. Las habilidades que aprendí cuidando el auto de mi tío y mi tía, y el deseo de ganar mi propio dinero con mi negocio de corte de césped en Indianápolis, fueron útiles. Además de ayudar a mi familia con el poco dinero que gané, también logré ahorrar lo suficiente para comprar una pequeña radio y un reproductor de casetes que funcionan con baterías.

En un cruel giro del destino, cuando mi familia finalmente aterrizó en Miami, descubrieron que la vida allí era tan difícil y desafiante como lo había sido Cuba. La libertad, descubrieron, no significa mucho si apenas puede pagar los comestibles, está sujeto a sirenas que rompen los oídos y tráfico aéreo las 24 horas del día, los 7 días de la semana, y su seguridad está en peligro.

Debido a las dificultades de mi padre para encontrar un trabajo mejor pagado, debido a la falta de transporte y la intensa competencia de los nuevos inmigrantes, mi padre comenzó a explorar otras opciones. Llamó a su primo Antonio (todos lo llamaban Coco), que vivía en Vineland, Nueva Jersey, para ver si existían mejores oportunidades allí.

VINELAND,
NEW JERSEY

CAPÍTULO 5

MUDARSE AL NORTE SALVÓ A NUESTRA FAMILIA

Incluso después de que comenzamos a establecernos en nuestra nueva vida de Nueva Jersey, mis padres, especialmente mi padre, sabían que habían hecho sacrificios dolorosos para proteger a nuestra familia de las indignidades que Castro había infligido a los cubanos. Cuando mi padre se arriesgó a enviarme a mí, su hijo primogénito, a España para escapar del ejército y su compromiso de servicio de décadas, perdió su cómodo trabajo. El gobierno confiscó su pequeña carpintería y, a todos los efectos, se convirtió en un prisionero político condenado a trabajos forzados en los campos de caña de azúcar.

Entonces, unos meses después de que mi padre

llamara a su primo Coco sobre las perspectivas de trabajo en el norte de Vineland, Nueva Jersey, tomó la decisión de trasladarnos de Miami a Vineland. Vineland es una pequeña ciudad en el sur de Nueva Jersey. Está aproximadamente a una hora al sureste de Filadelfia.

Coco se había establecido con su familia en Vineland algunos años antes. Él había progresado por sí mismo y estaba bastante bien establecido. Le dijo a mi padre sobre las oportunidades de trabajo disponibles en la pequeña ciudad, que habría trabajo para él y mi madre, y mejores oportunidades educativas para mis hermanos y para mí. Coco generosamente nos invitó a vivir con su familia hasta que mis padres comenzaron a trabajar y pudieron alquilar su propio lugar.

Mi padre decidió mudarnos al norte para encontrar una vida mejor. En febrero de 1971, mi familia se mudó hacia el norte.

Nos mudamos con Coco, su esposa Elba y su hija, Elbi y

Coco y su esposa, Elba

su hijo Tony. Tenían una casa de dos dormitorios, pequeña para todos: ahora, nueve personas hacinadas en una casa apenas lo suficientemente grande para cuatro. Estoy seguro de que esto fue un sacrificio para la familia de Coco, pero nos hicieron sentir lo más cómodos que pudieron, y nos recibieron amablemente.

Casi tan pronto como desempacamos, mi madre consiguió un trabajo en una fábrica que fabricaba ropa militar, y poco después de eso, mi padre también consiguió un trabajo en el departamento de limpieza de Venice Maid, una fábrica de alimentos. Dos cheques de pago significaban una vida mucho más fácil para nuestra familia. En Vineland, la vida finalmente estaba mejorando para la familia Díaz.

Con el tiempo, nuestra situación se volvió mucho más cómoda. En Venice Maid, los talentos de mi padre fueron reconocidos. Fue ascendido muchas veces, eventualmente convirtiéndose en un cocinero de primera clase, y finalmente se hizo cargo como mecánico principal con un salario mucho más alto.

A medida que mi padre ascendía de puestos en Venice Maid, comenzó a coleccionar carpintería, plomería y herramientas eléctricas, y en poco tiempo tuvo un trabajo secundario como personal de mantenimiento para varios agentes inmobiliarios e inversores. Mantuvo esos dos trabajos en Vineland hasta su muerte.

Volver a vivir como cubano

En Vineland, las cosas también estaban mejorando para mí. Mis dos primos, Elbi y Tony, tenían más o menos mi edad, y también habían vivido en Cárdenas, Cuba, donde pasamos tiempo juntos. Nos volvimos a conocer de inmediato. Pronto, me convertí en parte de su círculo de amigos, y la diversión volvió a mi vida.

En unas pocas semanas, mi padre pudo firmar un contrato de arrendamiento para nuestro propio apartamento de una habitación. Estaba en una casa unifamiliar convertida en el centro de la ciudad, y tenía un diseño inusual. La sala estaba a un lado del apartamento, luego había una escalera a un apartamento del tercer piso, y nuestra cocina, baño y dormitorio estaban al otro lado. Dormí en la sala. Para unirme al resto de la familia, tenía que abrir una puerta para entrar al otro lado del apartamento. Pero al menos estaba tranquilo. No había aviones a reacción ni sirenas gritando como en Miami. Esto se debe a que, aunque Vineland es la ciudad más grande de Nueva Jersey por tamaño, era bastante rural en ese momento.

Luego, en solo un año más o menos después de mudarnos, pudimos mudarnos del apartamento a un complejo de apartamentos más moderno, y luego comprar una casa pequeña, e incluso un automóvil. Gracias al arduo trabajo de mi padre, nuestra familia estaba prosperando financieramente, y mi madre incluso pudo volver a ser ama de casa a tiempo completo, y se enorgullecía de cuidar a nuestra familia.

Nos encontramos viviendo y relacionando con muchos de la comunidad cubana. La comunidad era pequeña, solo 100 familias más o menos, y la mayoría de ellos eran de mi ciudad natal de Cárdenas. Todos nos conocíamos o estábamos relacionados por sangre de alguna manera, así que formamos una red de apoyo entre nosotros. Nos ayudamos mutuamente con la vivienda y el trabajo. Mi familia se reconectó con viejos amigos que habían conocido en Cuba.

Ciertamente no extrañaba Miami o su violencia de pandillas. De hecho, no hubo violencia en absoluto en la escuela de Vineland que yo recuerde. En todo caso, podría haber sentido una sensación de segregación, no de discriminación, porque vivíamos casi como lo habíamos hecho en Cuba, rodeados de personas muy parecidas a nosotros. La mayoría de mis nuevos amigos eran cubanos, y pertenecíamos a un club cubano, *el Liceo Cubano,* que tenía un grupo juvenil, del cual mi prima Elbi era la presidenta. Las reuniones se llevaban a cabo en la casa de Coco, y ahí es donde formé algunas amistades para toda la vida.

Por ejemplo, conocí a mi mejor amigo, Julio Méndez, a quien considero un hermano hasta el día de hoy. Curiosamente, aunque asistimos a la misma escuela secundaria en Cuba, nunca nos conocimos allí. Pero nos convertimos en socios comerciales e invertimos juntos en bienes raíces décadas más tarde en Estados Unidos. También conocí a una joven encantadora con cabello rizado llamada Silvia, que se convertiría en el centro de mi vida.

Me readapté a mi nueva vida en Vineland rápidamente, y mis nuevos amigos ayudaron a acelerar mi transición. Encontré trabajo en una gasolinera propiedad de Juan Enrique, una leyenda entre la comunidad cubana. Allí, muchos hombres cubanos se detenían a tomar un café cada mañana para hablar y bromear. Aprendí otras habilidades allí, y pronto pude cambiar el aceite, arreglar los frenos, hacer afinaciones, cambiar y arreglar neumáticos, y muchas otras reparaciones. Eventualmente dejé la gasolinera de Juan Enrique para trabajar con su hijo Carlos Enrique cuando abrió su propia gasolinera.

Aprender a superar los desafíos en la escuela

A pesar de las cosas buenas que le estaban sucediendo a mi familia en Vineland, mi vida escolar era problemática. Por cuarta vez en menos de un año, me

inscribí en una nueva escuela en octavo grado.
Mirando hacia atrás, me doy cuenta de que mis experiencias en el campamento de español y en Miami me habían cambiado del niño gentil que había sido, a un adolescente enojado que siempre sintió que tenía algo que demostrar. Aprendí a defenderme en el campamento español y en las calles de Miami, pero había estado tan traumatizado por la intimidación y las peleas que juré que nunca volvería a ser intimidado. Desarrollé una actitud de tipo duro y una mentalidad de "mejor golpear que ser golpeado".

Como resultado, me metí en muchas peleas. Lo que es peor, ese gran chip en mi hombro se interpuso en el camino de mi éxito en la escuela. Mis padres se sintieron frustrados al verme desviarme del camino que habían trabajado tan duro para crear.

Pensando en esto ahora, me pregunto cómo un niño con tanta promesa y potencial -yo había sido elogiado como el mejor estudiante de sexto grado de Cuba- pudo volverse tan difícil y fuera de control. Le di la espalda a mi

Vineland High School

educación, me negué a aprender y no tenía respeto por la mayoría de la gente. Todo lo que puedo decir es que ahora me doy cuenta de que todos los adolescentes necesitan reconocimiento, admiración y un sentido de pertenencia, no solo de sus familias, sino también de sus compañeros. Había tenido esa sensación reconfortante en Indianápolis, simplemente por ser yo mismo. En Miami, tuve que luchar para encajar, así como para protegerme de ser atacado. Pero aquí en Vineland, sentí que tenía que dar el primer paso como el nuevo chico rebelde que no dejaría que nadie lo intimidara o lo superara. Esa era mi "marca". Estaba orgulloso de mi reputación.

Durante mis años de escuela intermedia y secundaria, mi trabajo académico fue decepcionante, por decir lo menos. No estaba concentrado en mi trabajo escolar, y estaba en problemas la mayor parte del tiempo. No ayudó que me sintiera degradado y segregado cuando la escuela me incluyó en su Programa de Inglés como Segundo Idioma. Correcto o incorrecto,

Vineland High School

creía que los estudiantes estadounidenses veían al grupo de ESL como mentalmente inferior, y eso me hacía sentir inseguro a su alrededor. Me separé de ellos, y en su lugar salí exclusivamente con los niños hispanos. Ese movimiento miope me mantuvo fuera de las actividades extracurriculares donde podría haber conocido a un grupo más amplio de amigos. El recuerdo de mi popularidad durante mi corta estancia en Indianápolis me perseguía. A pesar de mis limitadas habilidades en inglés, había sido amigo de todos allí.

Mi solución a mi frustrante posición social fue actuar. Me convertí en un matón "bullie" para obtener la atención que anhelaba. Este comportamiento a menudo me llevaba directamente a la oficina del director. No tenía miedo de usar las habilidades de boxeo que había aprendido en España para desafiar a los niños más duros de la escuela, hasta que un día aprendí por las malas que no era invencible. Casi me costó morir en una pelea con el capitán del equipo de lucha libre para darme cuenta de que estaba en el camino a ninguna parte.

No recuerdo cómo comenzó esa violenta pelea, pero sí sé que la inicié. Mi oponente era enorme, mucho más grande y más fuerte que yo. Me golpeó la cara con su puño carnoso, rompiéndome la nariz y haciéndome sangrar furiosamente. Lo siguiente que supe fue que tenía su brazo alrededor de mi cuello en una llave de estrangulamiento, y luché por respirar. Un minuto más o menos de eso, y me habría ido.

Recuerdo que llamaron a mi madre a la oficina del director y tuvieron que sentarse allí en silencio. Mi madre estaba claramente mortificada. No podía hablar inglés lo suficientemente bien como para hablar con el director, por lo que no entendía lo que había sucedido. Todo lo que sabía era que de alguna manera su amado hijo había deshonrado a la familia, y su decepción en mí en ese momento no tenía límites.

Mi madre me dijo que si no dejaba las peleas y empezaba a concentrarme en mis tareas escolares, podría despedirme de mi futuro. Mientras tanto, mi padre continuó creyendo en mí y apoyándome, diciéndome en qué gran ingeniero me convertiría algún día y recordándome lo inteligente que era. Me llamó *campeón*.

Eso fue todo lo que necesité para tener una revelación que me cambió la vida. Me comprometí a dejar atrás mis días de lucha. Nunca más me permitiría meterme en una situación que lastimaría a mis padres, especialmente a mi madre. A partir de entonces, manejé mi temperamento. Dejé caer ese chip de mi hombro y me concentré en ser el tipo de hijo que mis padres trabajadores merecían, el tipo de hijo que sería digno de todos los sacrificios que habían hecho para darme una vida mejor.

El trabajo, y mi Padre, me salvaron

La creencia de mis padres en mí me ayudó a superar mis demonios, y mi padre modeló el comportamiento que esperaba de mí al hacerme trabajar junto a él.

Era un hábito que habíamos comenzado cuando era un niño pequeño en Cárdenas, acompañándome al trabajo de mi padre y su taller de carpintería. Continuamos ese vínculo en Miami, donde lo ayudé a pintar nuevos apartamentos en construcción. Me enseñó la forma correcta de sostener brochas y rodillos de pintura, y cómo limpiar adecuadamente las herramientas al final del día. En Vineland, me convertí en su asistente mientras trabajaba en su trabajo secundario como personal de mantenimiento. Aprendí carpintería, plomería y mantenimiento eléctrico principalmente con solo observarlo.

Una cosa que mi padre me enseñó fue la importancia de la seguridad. Había perdido un dedo cuando se distrajo mientras trabajaba en su taller de carpintería en Cuba. En ese momento, tomé su rigor y cuidado como demasiado protector conmigo. Solía molestarme que no me dejara manejar las herramientas eléctricas,

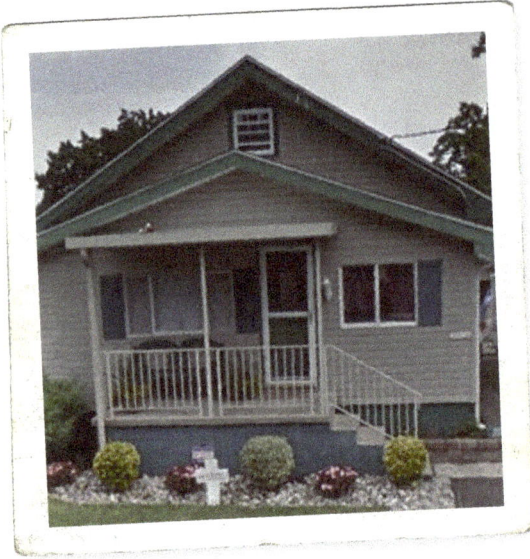

La casa de mi padres en Vineland, New Jersey

así que me quejé de que quería aprender a usarlas. No quería ser solo su asistente.

Pero mi padre me dijo que un buen asistente sabía tanto como el maestro al aprender la secuencia correcta del trabajo. Me enseñó a saber el momento adecuado para entregarle las herramientas y los materiales que necesitaba sin que tuviera que pedirlos, algo así como la relación de un enfermero con el cirujano en la sala de operaciones. Me enseñó a ser más eficiente mientras trabajaba guardando siempre las herramientas en el mismo lugar para no perder el tiempo buscándolas.

A pesar de que mi ira se desvaneció con el tiempo, y dejé de actuar tanto, la escuela todavía era difícil para mí. No ayudó que mis padres todavía no pudieran hablar o entender mucho inglés, por lo que no pudieron ayudarme con mis tareas escolares. Su falta de habilidades en el idioma inglés y su enfoque necesario en trabajar y alimentar a la familia también significaba que no podían hablar con mis maestros ni participar en ninguna actividad escolar para padres.

Mirando hacia atrás, me doy cuenta de que nuestra experiencia en Miami, cuando éramos tan desesperadamente pobres, había sido aterradora para mis padres. Ese horrible recuerdo les hizo centrar todas sus energías en nuestra supervivencia financiera en Vineland. Tener éxito en sus trabajos ahora tenía prioridad sobre otras cosas, como mejorar su inglés o ayudarme con mis tareas escolares.

Pero nunca dejaron de animarme para que yo asistiera a la universidad. Obtener un título universitario fue primordial para ambos, y creó una expectativa en mí que sabía que tenía que cumplir. Mi madre quería que me convirtiera en ingeniero porque sabía que era bueno en matemáticas y ciencias. Me fue bien en esas materias y siempre lo hice. Me dijo que las matemáticas eran un lenguaje universal, y me prometió que incluso como mi poco dominio del inglés podría sobresalir.

Siendo la mujer sabia que era, mi madre sabía mejor que yo dónde estaban mis talentos. Una señal era lo serio que era acerca de construir puentes, carreteras y edificios con mis bloques de madera en

Cuba cuando era un niño pequeño. No fue solo jugar para mí. Mientras construía, estaba imaginando cómo funcionarían los edificios y cómo la gente usaría las carreteras. También vió que yo era mucho más fuerte académicamente en mis clases de matemáticas y ciencias que de cualquier otra materia, y sabía que la fortaleza en esas ciencias era una cualidad importante para cualquier ingeniero.

Como padre, uno de sus trabajos es comprender los dones de su hijo y luego alentarlos a encontrar una carrera que los acoja. Cuando los talentos de su hijo son una buena combinación para su carrera, eso ayuda a garantizar su éxito. Mis padres creían que una carrera de ingeniería me permitiría poner mis habilidades a buen uso.

Desafortunadamente, en la escuela secundaria había hecho todo lo posible, ciertamente sin querer, para torpedear las expectativas de mis padres. A lo largo de mi carrera académica, mis calificaciones eran bajas, mi comprensión del inglés todavía era dudosa y mi actitud era tan mala que con frecuencia me encontraba en la oficina del director. Cuando me reuní con mi consejero en mi tercer año para discutir mi futuro, me preguntó cuáles eran mis ambiciones. Cuando le dije que mi sueño era convertirme en ingeniero, se burló de mí porque mis calificaciones eran muy bajas.

A veces, la mejor motivación que puedes recibir es que alguien te diga NO. Para mí, esa patada motivadora en los pantalones llegó ese día con mi consejero casi riéndose en mi cara. Me dijo que no era material universitario y que debía abandonar la idea de convertirme en ingeniero. La escuela vocacional sería mi mejor oportunidad en una educación superior, en su opinión.

Eso me llegó muy adentro. Su visión poco entusiasta de mi futuro me hizo prometer y demostrar que estaba equivocado. En pocas palabras, me negué a dejar que mi consejero descarrilara mis sueños, o las expectativas que mis padres habían establecido para mí.

Ese encuentro se convirtió en otro momento mágico en mi vida, otro punto de inflexión importante. La opinión de mi consejero de orientación sobre mí ciertamente me dolió, pero en lugar de dejar que matara mi espíritu o me enojara, encendió mi llama y la necesidad de demostrar que estaba equivocado al convertirme en ingeniero.

CAPÍTULO 6

CONVIRTIÉNDOME EN INGENIERO

Después de esa fatídica reunión con mi consejero en mi tercer año, hice un balance de mí mismo. Me di cuenta de lo que tenía que hacer para hacer realidad mi ambición de convertirme en ingeniero. Aunque logré graduarme de la escuela secundaria, mis calificaciones no eran tan altas como necesitaba que fueran. Sabía que necesitaba mejorarlas y hablar con fluidez, leer y escribir inglés si tenía alguna esperanza de ser aceptado en una escuela de ingeniería.

Decidí que podría lograr ese objetivo si asistía a Cumberland County Community College durante dos años. Una vez que me inscribí, me centré estrictamente en mis estudios, y me gradué con buenas calificaciones y un título de asociado.

Me destaqué en matemáticas y ciencias en CCCC, y mi profesor me preguntó si podía ser tutor de estudiantes que necesitaban ayuda adicional. Ese reconocimiento fue todo lo que necesitaba para volver a dedicarme a obtener las mejores calificaciones. Si no obtuviera una A en un examen, no estaría contento conmigo mismo.

Aún así, luché un poco en otros cursos que dependían de un mejor dominio del inglés. Allí, mi actitud rebelde surgió cuando le pregunté al profesor por qué era tan importante que entendiera el significado de, digamos, una obra de Shakespeare. Mi profesor tuvo que ser muy paciente al explicarme el lenguaje shakespeariano.

Felizmente, sin embargo, descubrí a medida que avanzaba que la mayoría de los ingenieros nunca necesitarán entender el significado interno del Rey Lear, siempre y cuando tengan una comprensión de las complejidades del álgebra, el cálculo, la trigonometría, la geometría, la química, la física, la biología y las ciencias de la computación.

Y también resultó que mis padres habían tenido razón todo el tiempo: yo sobresaldría como ingeniero.

Después de graduarme, apliqué a varias universidades estatales de Nueva Jersey que ofrecían programas de ingeniería. Estaba muy contento cuando la Escuela de Ingeniería de la Universidad de Rutgers me aceptó, y estaba aún más emocionado cuando supe que mi arduo trabajo en la universidad comunitaria me calificaba para préstamos y subvenciones estudiantiles. Financiar mi educación por mí mismo era una necesidad porque mis padres no podían pagar la matrícula de Rutgers.

La vida en Nuevo Brunswick

Debido a que Rutgers estaba a casi dos horas en automóvil de Vineland, viví en el campus mi primer año. Me casé en el verano, poco después de mi primer año allí. Hoy en día, es raro que los niños se casen antes de graduarse de la universidad. Pero para mí, estar casado en la universidad en realidad me hizo concentrarme más en mi trabajo escolar.

¿Recuerdas a Silvia del *Liceo Cubano,* mis reuniones de grupos de jóvenes cubanos?

Todavía la recuerdo como una chica rubia, de ojos color avellana y cabello muy rizado. Se sentaba en un sofá lanzándome miradas ocasionales mientras yo me sentaba en el suelo escuchando a mi prima Elbi dirigir el grupo. En ese momento, yo tenía 14 años y Silvia tenía 12.

Nos hicimos amigos rápidamente desde el momento en que nos conocimos. Nos llamábamos nombres de mascotas. Me llamó Dumbo por mis enormes orejas.

Silvia

(Afortunadamente, mi cabeza eventualmente creció en proporción a ellos). Mi padre me dijo que las orejas grandes eran un signo de inteligencia. Eso aumentó mi confianza, así que no me importaron las suaves burlas de Silvia, y cualquier problema de confianza en mí mismo que tuviera sobre mis oídos se desvaneció.

En represalia por llamarme Dumbo, la llamé Bozo por su cabello rizado. Más adelante en nuestras vidas, nuestros apodos mutuos se convirtieron en una historia que contamos y volvimos a contar a nuestros hijos y amigos, mientras recordábamos esos dulces primeros días cuando nuestro amor mutuo floreció por primera vez.

La familia de Silvia también era de Cárdenas y había emigrado a los Estados Unidos a principios de los años sesenta. Después de vivir en Miami y Tampa, finalmente se establecieron en Vineland, donde tenían parientes. Silvia tenía solo tres años cuando salió de Cuba y se adaptó rápidamente a su nuevo entorno. Como adulta, hablaba español e inglés sin acento, aunque llegó a este país a una edad muy temprana, nunca perdió su herencia cubana. De hecho, la gente decía que ella hablaba más como una cubana que yo. Ella fue un gran ejemplo de cómo puedes asimilarte a otra cultura sin dejar atrás tu herencia.

Con el tiempo, nuestra relación evolucionó de una amistad muy cercana a un romance floreciente. Recuerdo nuestro primer beso. Estábamos escondidos al costado del complejo de apartamentos donde vivían nuestras familias. Silvia me dijo que se iba de vacaciones a ver a su familia en Indianápolis, Indiana, donde todavía vivían mi tía Belinda y mi tío Amado. Me dijo que los visitaría por mí y que me extrañaría mientras estuviera fuera. Cuando me dijo que se iría por varios días, no quería que se fuera. Me di cuenta de que mis sentimientos por Silvia se habían graduado de la amistad al amor.

Así que al principio como amigos, luego como parejas románticas, estuvimos juntos desde el momento en que nos conocimos. Antes de casarnos, asistimos a diferentes escuelas. Mientras estaba en mi primer año en la escuela de ingeniería en la Universidad de Rutgers, ella asistió a la Universidad Estatal de Glassboro, donde estaba trabajando en sus títulos de enseñanza y matemáticas.

Durante mi primer año en la universidad, no tenía

coche. La madre de Silvia, Olga, la llevaba a visitarme a la universidad o a recogerme a veces un viernes para que pudiera pasar el fin de semana en Vineland con mis padres y amigos. Olga era como otra madre para

Nuestra boda en Agosto 6, 1977

mí. Ella siempre fue muy dulce y cariñosa, y siempre me sentí muy cómodo con ella.

El 6 de agosto de 1977, Silvia y yo nos casamos en la Iglesia del Sagrado Corazón en Vineland, Nueva Jersey. Silvia aplicó a la Universidad de Rutgers, y fue aceptada para continuar sus estudios de matemáticas allí en septiembre. Durante nuestra vida estudiantil casados, durante los veranos cuando estábamos fuera de la universidad, vivíamos con la madre de Silvia, Olga, en su apartamento de Vineland. Durante el año escolar, estudiamos, pero en los veranos, Silvia y yo teníamos dos trabajos mientras vivíamos con su madre, ahorrando todo nuestro dinero para poder concentrarnos en nuestros estudios durante el año escolar.

Después de casarnos y regresar a la universidad en septiembre, nos mudamos a las viviendas de Rutgers para estudiantes casados. No teníamos mucho, ni muebles, ni coche. En nuestra primera noche en el apartamento de la escuela, dormimos en un colchón desechado que habíamos encontrado que envolvimos en una cubierta de plástico. Comenzamos a amueblar el apartamento con muebles que el tío de Silvia tenía en su sótano, y decoramos nuestro lugar con hierbas altas y secas que cortamos en un estanque cercano. Teníamos una radio que funcionaba con baterías para entretenernos, y solo la escuchábamos por la noche después de terminar de estudiar. Éramos fanáticos del estudio, en parte debido a nuestra ambición, y en parte porque no podíamos comprar un televisor o costear cualquier otra actividad.

Creo que venir de orígenes muy similares y compartir objetivos comunes es útil para adaptarse a la vida matrimonial. Aunque nos casamos muy jóvenes, no extrañamos la vida amorosa normal que experimentan la mayoría de los adolescentes y adultos jóvenes estadounidenses. En la cultura cubana, al menos en ese entonces, tus padres no esperaban que salieras mucho, la mayoría de los padres eran bastante protectores con sus hijas. Aunque los hombres jóvenes tenían más margen de maniobra para salir, realmente no lo aproveché. Una vez que conocí a mi Silvia, eso fue todo para mí.

Nelson Alberto Díaz

Foto de graduación
Rutgers University

Los desafíos de la escuela de ingeniería

A pesar de mi compromiso y trabajo duro, mi primer semestre en la escuela de ingeniería fue un desafío. No estaba acostumbrado a aprender en esas grandes aulas de auditorio donde los profesores parecían voces incorpóreas. Todavía tenía dificultades con el idioma y tuve que usar un diccionario técnico de inglés a español para traducir términos que no entendía. Como resultado, reprobé mi primer examen de física.

Durante mi primer año en Rutgers, viví en los dormitorios de Livingston College tenía que tomar un corto viaje en autobús al campus universitario de Rutgers en New Brunswick. Muchas de las clases básicas generales, como física, se llevaron a cabo en el campus universitario de Rutgers.

Después de que el profesor de física devolvió mi examen con una "F", me sentí miserable y furioso conmigo mismo. Tomé el autobús de regreso al dormitorio y pasé el viaje mirando por la ventana para que otros no pudieran verme llorar. Mi mente corría con pensamientos deprimentes: ¿Soy realmente material universitario? ¿Es la ingeniería adecuada para mí? ¿Necesito esta presión? Tal vez debería rendirme y conseguir un trabajo que no necesite un título universitario. Luego vino el pensamiento más deprimente de todos: ¿Qué les voy a decir a mis padres cuando vaya a visitarlos este fin de semana?

Me fui a ver a mis padres y a Silvia con la cola entre las piernas. Llorando, le grité a mi padre que la escuela de ingeniería era demasiado difícil y que no creía que lo lograría. A pesar de que yo era casi tan grande como él en este punto, mi padre me abrazó y me sentó en sus piernas. Todavía recuerdo sus palabras de aliento cuando me dijo: "*Campeón*, te acostumbrarás. Simplemente no te rindas, estudia más duro y aprobarás tu próximo examen".

Supongo que su aliento fue todo lo que necesité, porque eso es exactamente lo que sucedió. Me propuse buscar, hacerme amigo y estudiar con estudiantes que estaban en la parte superior de la clase. Recuerdo haber estudiado física y cálculo con dos hermanos de Puerto Rico, Carlos y Felipe. Carlos era estudiante de pre-medicina y Felipe estudiaba física y matemáticas. Estudiábamos casi todas las noches después de cenar en la cafetería del campus. Esto se convirtió en mi rutina durante mi primer año en Rutgers mientras vivía en los dormitorios.

Me encantaron las clases de cálculo y me fue extremadamente bien en ellas. Cuando tomé mis primeras clases de ingeniería en Estática y Dinámica, que son requisitos para todos los ingenieros, supe entonces que mi enfoque sería el campo de la

Mi graduación en Rutgers

Ingeniería Civil. Sería capaz de convertir mis juegos de infancia de construir carreteras, puentes y estructuras en realidad. Mi arduo trabajo valió la pena, y me gradué de la Escuela de Ingeniería de Rutgers con un promedio de B +. Todavía lamento haberme perdido los honores por solo unos pocos puntos decimales.

Después de terminar con éxito mi primer año en la Universidad de Rutgers, comencé mi segundo año como estudiante casado. Silvia y yo vivíamos en el dormitorio de la universidad para estudiantes casados y nos dedicamos a la escuela. Estudiábamos juntos la mayoría de las noches y nos hacíamos preguntas la noche antes de un examen. Estar casado y dejar atrás la escena del dormitorio me ayudó a agudizar mi enfoque en mis estudios.

En mi segundo año en Rutgers, la mayoría de las clases eran más específicas para el programa de

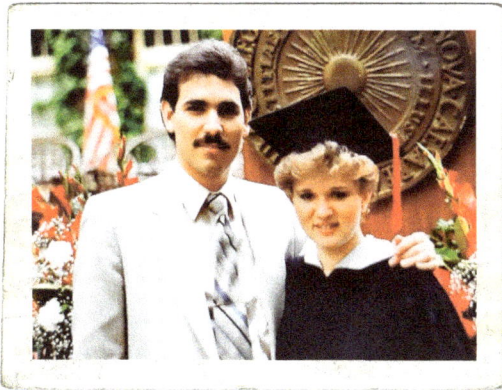

La graduación de Silvia en Rutgers

Ingeniería Civil. Seguí haciéndome amigo de compañeros de clase que consideraba los mejores de la clase. Dos de ellos, Marcelo y

Larry, fueron mis mejores amigos después de que Silvia y yo nos mudamos a Rutgers. Marcelo también estaba casado, y finalmente tomó un apartamento en los dormitorios de los

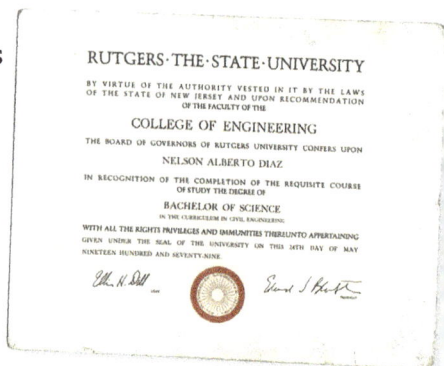

Me dijeron que no podía hacerlo

estudiantes casados al frente del de nosotros. Vivíamos al otro lado del pasillo y pasábamos tiempo estudiando y socializando juntos. Marcelo, Larry y yo estudiábamos juntos todo el tiempo. En clase éramos rivales amistosos, compitiendo por las mejores calificaciones. Recuerdo lo feliz que me sentía cuando mi calificación superara a la de ellos en un examen. Aquí había otra lección que aprendí de mi padre, quien solía decirme que me quedara cerca de personas que me ayudarían a ascender, no de aquellos que me arrastrarían hacia abajo.

El principio de mi carrera de ingeniería

Después de graduarme de la escuela de ingeniería en 1979, comencé a buscar trabajo como ingeniero civil. Desafortunadamente, mi momento no podría haber sido peor. El país estaba en medio de una crisis mundial del petróleo, desencadenada en parte por la revolución iraní. Estábamos experimentando la recesión más severa desde la Segunda Guerra Mundial, pero no importaba qué, tenía que encontrar un trabajo. Silvia me ayudó a escribir docenas y docenas de cartas de presentación, y enviamos mi currículum a tantas empresas como pudimos encontrar.

Es difícil describir cuán diferente era la búsqueda de empleo hace 40 años de lo que es hoy. Ahora, solicitar un puesto es bastante simplificado, es un proceso de cortar y pegar gracias a las computadoras y el correo electrónico. Pero en aquel entonces, era mucho trabajo preliminar. Tendría que revisar las guías telefónicas o incluso a la biblioteca para encontrar listas de compañías apropiadas, copiar nombres y números, llamar a cada compañía para encontrar a la persona adecuada a la que enviar el currículum

Mi primer trabajo

y luego enviar a cada prospecto una carta original escrita a mano para acompañar el currículum. Mi esposa se sumergió en la búsqueda de empleo y pasó horas en la máquina de escribir escribiendo cartas.

Finalmente, conseguí una entrevista con una

pequeña empresa, Design and Project Engineers, y conseguí el trabajo de inmediato. Era un nuevo negocio y propiedad de dos hermanos de New Brunswick. Un hermano dirigía la empresa y el otro hacía el trabajo de campo. Yo fui su primer empleado.

Resultó ser la plataforma de lanzamiento perfecta para mi carrera. El propietario, Robert (Bob) Parsells, se convirtió en mi mentor, y nuestra amistad duró mucho después de que tuvo que cerrar el negocio varios años después. Tenía su total confianza. De hecho, él tenía más confianza en mí que yo en mí mismo. Me dio tareas que no me sentía preparado para manejar, lo que me puso un poco nervioso. Recuerdo la primera estructura que diseñé para una empresa química. Pasaba deliberadamente por allí de vez en cuando para asegurarme de que el edificio todavía estaba en pie.

Bob siempre revisaba mis proyectos y discutía conmigo diferentes ideas para mejorar mi trabajo y tal vez encontrar formas de hacer que el diseño general fuera más eficiente y menos costoso. Él creía en mí y en mis habilidades. Debido a que era una empresa tan

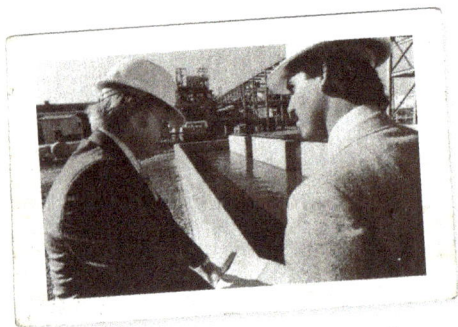

Yo con mi mentor Bob Parsells

pequeña, pude experimentar todos los aspectos del negocio, desde hacer trabajo de oficina, hasta facturación, hasta escribir propuestas. Incluso llevé a los clientes a almorzar para discutir sus planes. Bob me expuso a todo. Fue una gran manera para que un joven ambicioso como yo comenzara.

Pronto, la compañía comenzó a crecer, y Bob decidió traer un gerente general. Después de varios meses, las cosas entre el nuevo gerente y Bob no estaban funcionando y fue despedido. Vi mi oportunidad y le dije a Bob que me gustaría tener una oportunidad en el trabajo del gerente general. Su respuesta inmediata fue: "Eres demasiado joven".

"¿No he podido lograr todo lo que me has pedido?" Respondí. Pensó por un momento y dijo que sí.

Le dije que le haría un trato. "No tienes que darme un aumento. Solo dame el trabajo. Pruébame durante seis meses, y si hago bien el trabajo, entonces podemos hablar".

Dijo que lo pensaría. Esa noche, cuando estaba en casa con Silvia, Bob llamó justo antes de la cena.

Supervisando uno de mis projectos

"Nelson, pensé en lo que dijiste, tú serás el nuevo gerente general. ¿Y adivina qué? No puedes trabajar como gerente general con tu salario actual. Voy a duplicarlo, y te voy a dar el auto que compramos para Russ".

En un abrir y cerrar de ojos, había pasado de ingeniero junior a gerente general. Después de colgar el teléfono, le dije a Silvia: "No cocines, vamos a salir a cenar. ¡Ahora tenemos dinero!"

Con el tiempo, me convertí casi en un hijo para Bob. Silvia y yo lo visitábamos en su casa de playa en la costa de Jersey, y estábamos bastante cerca. Fue el primer trabajo perfecto. Pude diseñar y ser supervisor de campo cuando era necesario. Estuve involucrado en todos los aspectos de un proyecto, desde el trabajo de diseño hasta la supervisión de la construcción de una estructura. Fue genial tener la oportunidad de ver un proyecto hasta el final. Si hubiera conseguido un trabajo en una de las empresas de ingeniería más grandes, probablemente habría terminado en un cubículo y nunca habría tenido la perspectiva de estar involucrado en un proyecto total de principio a fin.

La recesión mundial altera mis sueños

A pesar de mi éxito personal y profesional en Design and Project Engineers, la economía del país todavía estaba en ruinas. Los clientes estaban poniendo sus proyectos de mejora de capital en espera, y las consecuencias de eso significaron que nuestra firma no pudo sobrevivir al shock. Bob se reunió conmigo para hacerme saber que había tomado la dolorosa decisión de cerrar la empresa.

Nos preparamos para lo que iba a suceder. Un día, me preguntó si había empezado a buscar un nuevo trabajo. Le dije que no. Él dijo: "¿Por qué no? Sabes cuál es nuestro plan".

"Quiero estar contigo al 100 por ciento hasta el último día", le dije. Y eso es exactamente lo que hice. No solicité un nuevo trabajo hasta que cerramos las puertas del negocio. En ese momento, había estado con la compañía durante unos tres años.

No fue un momento difícil para nosotros.

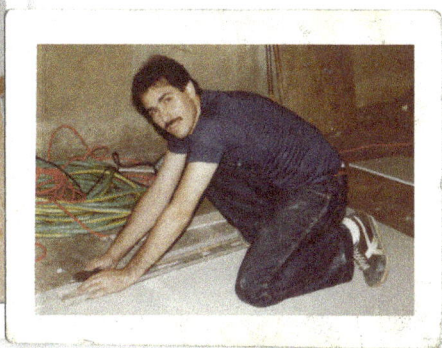

Trabajando en mi primera casa de inversion

Silvia estaba embarazada y había comenzado su ausencia de trabajo por maternidad, y yo estaba desempleado. Era el verano de 1982. Apliqué a todos los trabajos que pude encontrar, y nuevamente Silvia escribió mi currículum y cartas de presentación. Probablemente envié ese currículum a 100 empresas más o menos. Pero nadie parecía estar contratando porque todas las empresas estaban poniendo sus proyectos de construcción en un segundo plano.

Convirtiéndome en un inversionista

Durante mi tiempo en New Brunswick y trabajando en diferentes proyectos, me hice amigo de uno de los soldadores mientras trabajaba en el campo durante uno de los proyectos. Me dijo que había comenzado a invertir en bienes raíces, y sobre los beneficios fiscales y el flujo de efectivo generado por las rentas que estaba cobrando. Lo escuché atentamente y le hice muchas preguntas. Decidí que si él podía hacerlo, yo también podía. Me convertí en un inversionista inmobiliario a tiempo parcial.

Sin un trabajo de ingeniería o cualquier otra perspectiva, esta podría convertirse en mi manera de mantener a mi familia. Entonces, decidí usar el dinero que habíamos ahorrado para continuar invirtiendo en bienes raíces. Silvia y yo nos embarcamos en un viaje de inversión que se convertiría en mi segunda carrera.

Mientras trabajaba en Design and Project Engineers y Silvia tenía su primer trabajo como maestra, compramos nuestra primera propiedad de inversión. Silvia y yo la renovamos y la vendimos un año después. Aunque el interés hipotecario era de un enorme 17 por ciento, ¡ganamos más dinero volteando esa propiedad de lo que tenía en un año como ingeniero! Me enganché. Como el mercado laboral era tan lento, decidí forjar mi propio camino en el sector inmobiliario. Después de todo, tenía todas esas habilidades esenciales que había aprendido al lado de mi padre: carpintería, plomería, azulejos y trabajo eléctrico.

Mientras todo encajaba para Silvia y para mí, recibimos una llamada de mi hermana en Vineland. Lamentablemente, perdimos a mi madre por un ataque al corazón, repentina y prematuramente, mientras Silvia todavía estaba embarazada de nuestro primer hijo. Mi madre tenía solo 49 años, y me rompió el

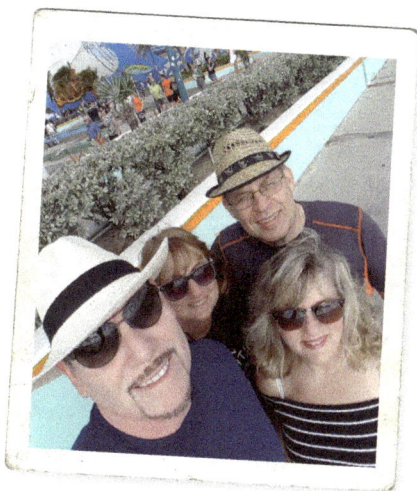

Con Julio, Rosa, y Silvia en un crucero por el Caribe

corazón que nunca llegara a conocer a su primer nieto.

Después de vender la propiedad en New Brunswick, nos mudamos de nuevo a Vineland, mientras yo continuaba buscando un trabajo de ingeniería.

Silvia y yo terminamos usando todos nuestros ahorros para comprar propiedades, con ella apoyándome al 100 por ciento. Ella nunca se preocupó (al menos no en voz alta para mí), a pesar de que estaba cavando profundamente en nuestros ahorros en un momento en que ambos estábamos sin trabajo. Aumentó mi confianza saber que ella confiaba en mí tan completamente.

Mientras estábamos en Vineland, Silvia y yo nos reconectamos con nuestros amigos allí. Uno de nuestros amigos, Julio, que era como hermano para Silvia y para mí, se había casado con Rosa. Rosa y Julio también formaron parte de ese grupo juvenil cubano que pasó incontables horas jugando y nadando en la piscina del complejo de apartamentos. Julio también había ido a Rutgers, donde obtuvo un título en leyes. Después de pasar los requisitos, trabajó en un bufete de abogados en Vineland.

Julio y yo siempre hemos sido grandes amigos. Hasta el día de hoy, pasamos horas hablando de todo bajo el sol, incluyendo bienes raíces. Durante una de esas conversaciones, surgió la idea de invertir juntos. Encajamos bien: Julio entendía todos los aspectos legales de bienes y raíces y también tenía muchas conexiones en Vineland, donde ejerció la abogacía. Yo tenía el conocimiento de la construcción y podía evaluar las necesidades de renovación de una propiedad, estimar el costo e incluso podría hacer el trabajo yo mismo.

Rosa también era una de las mejores amigas de Silvia y nos convertimos en un equipo: Silvia y yo, Rosa y Julio. Todos nosotros colaboramos para renovar las propiedades que habíamos comprado. Yo fui responsable del trabajo de renovación, y Julio hizo la parte legal, además de buscar propiedades y ayudarme durante la renovación. Silvia y Rosa pintaron y limpiaron las propiedades mientras trabajábamos para encontrar un comprador. Cada pareja invirtió $ 2,500 para un total de $ 5,000 y así es como comenzó nuestra compañía de inversión. Nuestra asociación se llamaba NJD Enterprises. No puedo recordar cuántas casas volteamos juntos en Vineland, fueron bastantes, en un momento en que voltear propiedades no era tan común como lo es ahora.

Incluso mientras trabajábamos en la renovación de las propiedades que compramos, enviaba currículums

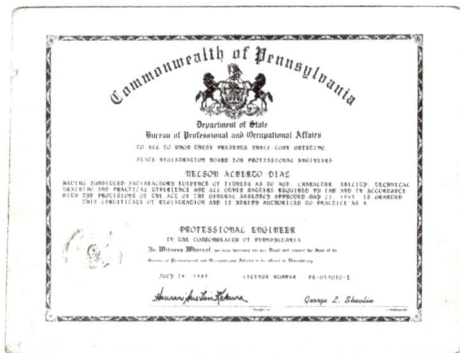

Mi licencia de ingeniero profesional en Pennsylvania

a todas las empresas de ingeniería que podía encontrar. Alrededor de la época en que nació nuestro primer hijo, Nelson Luis, el 25 de septiembre de 1982, finalmente recibí las buenas noticias de uno de los trabajos a los que me había aplicado. Pennsylvania Power and Light en Allentown, Pensilvania quería entrevistarme para un trabajo en su Departamento Nuclear.

Tuve mi primera entrevista por teléfono con uno de los gerentes de recursos humanos. Poco después de esa primera entrevista, me llamaron para una entrevista cara a cara. Recuerdo conducir a Allentown para esa entrevista y decirme a mí mismo que me relajara y hiciera lo mejor que pudiera. Después de la entrevista, tuve que detener el auto y vomité sobre el arcén de la Ruta 22. Supongo que se podría decir que el estrés del día me había afectado.

Para mi sorpresa, conseguí el trabajo. Esto significaría una mudanza para mi familia, y tuvimos que

averiguar qué hacer con nuestro negocio en Nueva
Jersey. Estaba claro después de unos meses que no
podría administrar nuestras propiedades en Vineland,
por lo que los cuatro socios decidimos que era hora de
vender. Después de que se vendieron las propiedades,
Julio usó su parte de las ganancias para abrir su
propia práctica legal. Yo usé nuestra parte para invertir en propiedades en Allentown.

ALLENTOWN,
PENNSYLVANIA

CAPÍTULO 8

EL VALLE DE LEHIGH DA LA BIENVENIDA A LA FAMILIA DÍAZ

Con la perspectiva de mi nuevo y emocionante trabajo en la mano, yo sería una parte fundamental para ayudar a PPL a construir su primera planta de energía nuclear, Silvia, yo y nuestro bebé, Nelson, nos mudamos a la cómoda casa colonial de tres dormitorios que compramos en Calvary Avenue en Emmaus. Cuando nos instalamos, nos sorprendió descubrir que parecíamos ser la única familia hispana en millas a la redonda. Eso lo confirmamos cuando vimos que éramos los únicos Díaz en la guía telefónica, eso sería como encontrar un solo Jones o Smith, apellidos muy prevalentes en Estados Unidos. También nos dimos cuenta que incluso los productos alimenticios básicos

Nuestra primera casa en Emmaus, Pennsylvania

hispanos no estaban disponibles en nuestra tienda de comestibles local. El lugar más cercano para comprar mi café espresso o alimentos Goya estaba a varias millas de distancia en Allentown.

Hablaba con Silvia sobre mis temores de que la gente no nos diera la bienvenida, o que encontraran maneras de expresar su incomodidad por tener vecinos hispanos de repente. Silvia simplemente sacudía la cabeza y me decía que no teníamos nada de qué preocuparnos. Ella era una persona sociable. En los días agradables, sacabamos nuestras sillas de jardín y nos sentábamos en nuestro nuevo camino de entrada a la casa y saludábamos a nuestros vecinos. Muy pronto, estábamos poniendo sillas adicionales y la gente se detenía a visitar. Silvia preparaba un poco de café cubano y hacíamos nuevos amigos. Su personalidad era tan cálida que nadie podía resistirse a ella. Nuestra casa se convirtió en un imán para nuestros vecinos, que pasaban a menudo solo para tomar un sorbo del delicioso café espresso cubano que Silvia preparaba para ellos.

Incluso cuando nos instalamos en nuestra casa y vecindario, íbamos y veníamos a Vineland la mayoría de los fines de semana. Mi padre y la madre de Silvia, su hermana Lourdes y sus tías todavía vivían allí, al igual que mi hermano y mi hermana. Mi mejor amigo y compañero, Julio, y su esposa, Rosa, también estaban allí con sus dos hijos. Todos tratamos de mantener a nuestra familia extendida unida lo mejor que pudimos, ahora que casi 100 millas nos separaban.

Pronto, le dimos la bienvenida a dos hijos más a nuestra familia. En 1984, llegó Philip y nuestro hijo Daniel nació en 1985. Pero junto con los

Silvia y yo con nuestros tres hijos

nacimientos de nuestros hijos vendría la angustia.
Poco después de que Daniel naciera, perdimos a mi
padre, también prematuramente y de un ataque al
corazón. Tenía solo 58 años.

Ahora que había perdido a mis padres, me convertí
en jefe de la familia Díaz y asumí la responsabilidad
de mi hermano y hermana. Me aseguré de que mi
hermana terminara la universidad en la Universidad
de Drexel y de que mis dos hermanos tuvieran todo lo
que necesitaban.

A medida que nuestros niños crecían, también lo
hacían sus actividades escolares y extracurriculares.
Muy pronto, siempre había un partido de fútbol, o dos,
los fines de semana, y nuestros viajes a Vineland
disminuyeron a medida que nos concentrábamos en
criar a nuestra familia en Emmaus.

Aunque ni Silvia ni yo éramos "padres helicóptero" de ninguna manera, alentamos a nuestros tres hijos a

Con Silvia, nuestros hijos, y nuestro primer nieto, Nelson

involucrarse en actividades que disfrutaban. Como resultado, estaban en equipos de béisbol, fútbol, lucha libre, fútbol americano y natación.

También los alentamos a tocar instrumentos musicales. Nelson tocaba la batería y era miembro de la banda de Emmaus High School, Philip tomó clases de saxofón y Daniel tocaba el violín. Al igual que mis padres antes que yo, estábamos atentos a sus habilidades y los empujamos a realizar actividades que les interesaban, actividades en las que tenían habilidades que los ayudarían a tener éxito.

Una tarde, mientras estábamos sentados en el McDonald's de Emmaus con nuestros hijos, un autobús se estacionó cerca de nosotros. Estaba lleno de lo que parecían ser miembros de una iglesia de congregación negra. Daniel, que siempre fue muy curioso y también un hablador sin parar, dijo: "Papi, esas personas son morenas". Me sorprendió mucho su comentario y traté de explicarle a él y a sus hermanos que había personas de otras razas que se veían diferentes a nosotros.

Como mencioné, cuando nos mudamos por primera vez a Emmaus, nuestra familia era la única familia hispana que conocíamos, y había muy pocas, si es que había alguna, otras familias de color.

Después de llegar a casa, hablé con Silvia sobre el comentario de Daniel y le dije que pensaba que necesitábamos exponer a nuestros hijos a una mayor diversidad. Mutuamente, acordamos encontrar formas de hacerlo. Mi idea era enviarlos al Boys and Girls Club de Allentown durante sus vacaciones de verano. Asistieron al club, ubicado en el centro multicultural de la ciudad de Allentown, durante varios veranos. Allí, interactuaron con niños de otras razas y pronto tuvieron muchos amigos. Rápidamente aprendieron a no juzgar a los demás por su color de piel o atributos físicos.

Nuestros hijos nos hicieron sentir muy orgullosos a Silvia y a mí. Se han convertido en grandes hombres, cada uno exitoso a su manera y completamente independiente. Silvia y yo pensamos en ellos como las obras maestras de nuestra vida.

Mientras repasaba la historia de mi vida en mi mente antes de sentarme a escribir este libro, se

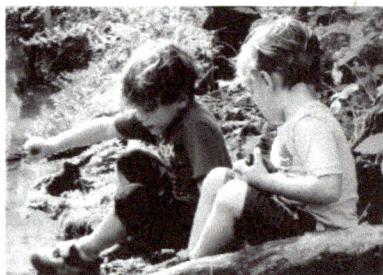

Mis nietos Nelson y Victor

me ocurrió que una cosa que permanecía constante era cuán importante era nuestra familia y cuán orgullosos estábamos de transmitir las tradiciones familiares a la próxima generación. Por ejemplo, recuerdo los ejemplos amorosos que mis abuelos me dieron, llevándome en esos largos paseos en motocicleta a la playa. Recuerdo que nuestro primer hogar en Cuba fue con los padres de mi madre, y recuerdo lo involucrados que estaban en nuestras vidas y cómo mis padres acogieron su influencia sobre nosotros.

Ahora, cuando miro a mis nietos, Nelson y Víctor, tienen muchos de los mismos intereses que yo tenía cuando era niño, y también veo que les encanta construir cosas, tal como lo hice yo. Juntos llevan el nombre de mi padre Nelson Victor.

A mis nietos les encanta venir a mi casa y pasar el rato conmigo, tal como lo hice con mi abuelo. Es un punto muy dulce en la vida cuando puedes reconocer patrones amorosos que se repiten.

Cuando viví con mi tía Belinda en Indianápolis, aprendí lo importante que es sumergirse en tu nueva cultura. Ella fue sabia al invertir en sesiones intensivas de inglés para mí, a pesar de que me tomó varios años convertirme en verdaderamente bilingüe. Cuando tuvimos a nuestro hijo, Nelson, Silvia y yo pensamos que le estaríamos haciendo un favor al criarlo para que fuese bilingüe. Le hablamos solamente español durante sus primeros años, pensando que el inglés le resultaría fácil aprender una vez que comenzara la escuela.

Pero en lugar de avanzar en la escuela, hablarle solo español en realidad lo atrasó un poco, como aprendimos en nuestra primera conferencia de padres y maestros. La maestra de Nelson nos dijo que estaba un poco por debajo del promedio, algo que ningún padre quiere escuchar. Ella pensó que era porque lo estábamos confundiendo al solo hablarle en español.

Inmediatamente seguimos su consejo y comenzamos a hablar inglés en casa, y mirando hacia atrás, eso fué un error de nuestra parte. Eventualmente, Nelson habría llegado al punto en que podría haber hablado ambos idiomas con fluidez.

Ahora mis hijos y yo reconocemos la importancia de saber varios idiomas y reconocemos que puedes asimilarte a una nueva cultura sin renunciar a la tuya. Todos hacemos un esfuerzo para hablar español con mis nietos e incluso sus esposas, que son americanas, tratan de aprender también.

Para mí es un gran placer ver cómo mis hijos y sus nuevas familias disfrutan de mi herencia cubana. Les encanta la comida, la música, el baile y nuestras fiestas muy animadas.

Ayudando a construir una estación de energía nuclear para el Valle de Lehigh

Hace unos 50 años, PPL adoptó un enfoque con visión al futuro para desarrollar la energía nuclear como una fuente de energía limpia para servir a sus clientes. Su primer proyecto fue la estación nuclear eléctrica de Susquehanna cerca de Berwick, PA.

El proyecto estaba a punto de completarse cuando PPL me contrató como ingeniero de costos y programación en 1982, aunque pasarían varios meses hasta que pudiera comenzar a trabajar. Primero tuve que convertirme en ciudadano estadounidense, y debido a que estaba trabajando en una instalación nuclear, también tuve que obtener una autorización de seguridad. Una vez que logré ambas tareas, entré en el trabajo.

Yo sería responsable de mantener el proyecto a tiempo y dentro del presupuesto, lo cual no es poca cosa para construir una planta de energía nuclear. Este fue un proyecto complicado y costoso con muchas partes móviles, y cuanto más tiempo

Uno de mis edificios en Allentown

toma un proyecto como ese, más costoso se vuelve. Tuve que supervisar innumerables detalles y asegurarme de que todos los aspectos del trabajo se completaran correctamente. La primera unidad de la estación entró en servicio en junio de 1983 con una segunda unidad en febrero de 1985.

Aunque disfruté mucho mi trabajo, me di cuenta desde el principio de que no me proporcionaba la misma satisfacción que había disfrutado cuando compraba propiedades, las arreglaba y las vendía con una buena ganancia. Entonces, decidí continuar con la tradición que comenzó mi padre. Siempre había tenido dos trabajos: uno que proporcionaba una medida de seguridad financiera para su familia y un segundo que satisfacía su necesidad de construir cosas. Su mayor regalo para mí fueron las lecciones que me enseñó trabajando con él en su taller de carpintería en Cuba cuando era un niño pequeño, más tarde en Miami y luego en Vineland. Sabía cómo construir, pintar, instalar pisos, cablear para electricidad y asegurarme de que la estructura fuera sólida. Mi padre no solo me había enseñado el "cómo" de todas estas habilidades, sino que también me enseñó cómo disfrutar realizando las tareas en cuestión y cómo disfrutar de un trabajo bien hecho. Estos fueron regalos poderosos que durarían para toda mi vida.

Debido a que ya había disfrutado del éxito en ser un "flipper" de bienes raíces en Vineland, pensé que podría continuar haciendo eso en Allentown, la ciudad cercana a Emmaus que Billy Joel inmortalizó en su famosa canción. Allentown, una vez una metrópolis próspera gracias a sus industrias locales, había caído en tiempos difíciles. Muchas de sus casas en vecindarios menos deseables necesitaban reparaciones urgentes y nuevos propietarios comprometidos a mejorar la comunidad.

La planificación a largo plazo conduce al éxito

Mi formación como ingeniero me enseñó la importancia de planificar y de comprometer los planes en hojas de cálculo para poder seguir el progreso de un proyecto en particular. Debido a que este proceso funcionó tan bien para mis proyectos en PPL, pensé que también funciona-

Celebrando mis 50ˢ en St. Martin

ría para mis proyectos inmobiliarios extracurriculares.

Primero, establecí una meta: me retiraría de PPL a la edad de 55 años. Creé un plan a largo plazo para lograr ese objetivo, que incluía saber cuánto tendría que ser mi patrimonio neto cuando cumpliera 55 años para que mi familia pudiera mantener nuestro estilo de vida cómodo. También sabía cuánto tendría que ganar cada año, tanto de mi salario de PPL como de las ganancias de mi trabajo en bienes raíces, para vivir bien después de dejar PPL. Para asegurarme de que estaba en el buen camino, revisaba mi plan de proyección financiera a menudo.

Toda mi disciplina y trabajo duro dieron sus frutos, y pude alcanzar mi objetivo temprano. Renuncié a PPL exactamente 20 años, casi al día, después de haber comenzado allí. Ahora era un empresario de bienes raíces a tiempo completo.

Cuando miro hacia atrás, tengo que preguntarme de dónde vino esa disciplina y ese impulso. Aunque mi padre trabajó muy duro para sacar a nuestra familia de Cuba y salvarme del reclutamiento, siempre se centró en su necesidad inmediata de mantener a su familia. Para él, el éxito significaba poder vivir en un vecindario seguro y proporcionar seguridad y una vida cómoda para todos nosotros. Así era como él veía el éxito.

Por suerte, casi al mismo tiempo que decidí que la creación de riqueza era importante para mí, PPL ofreció a sus ejecutivos un seminario de Franklin Covey, llamado *7 hábitos de personas altamente exitosas*. Se basó en el libro más vendido de Stephen R. Covey. En la década de 1980, innumerables empresas ofrecieron esos seminarios a sus empleados.

Los 7 hábitos me enseñaron cómo crear y establecer metas y me ayudaron a desarrollar la capacidad de acoger un plan para mi vida. Para ir un paso más allá, también asistí a un seminario de Tony Robbins y aprendí sus secretos para maximizar mi rendimiento profesional.

Una cosa que aprendí en estos seminarios es que es fácil crear metas. Todo el mundo tiene metas, como "quiero ser millonario", por ejemplo. Pero para tener éxito, aprendí que tienes que tener un plan detallado sobre cómo llegar allí. Es por eso que mis proyecciones finacieras y las lecciones que aprendí en esos seminarios se volvieron muy importantes para mi éxito. Sabía cuánto dinero necesitaría ahorrar cada año para poder acumular suficiente riqueza para alcanzar mi meta de una jubilación anticipada.

También creo que esos primeros días viviendo con mis padres en Miami y Vineland, donde carecíamos de muchas necesidades básicas, me influyeron en querer vivir mejor y estar mucho más cómodo.

La disciplina del ahorro

Me aferré a una estrategia al principio de mi planificación: decidí nunca gastar mis aumentos. Cada año en PPL, recibía un aumento, y cuando me ascendieron a gerente de proyecto, obtenía uno aún mayor. Nunca le mencioné estos aumentos a Silvia. Agregaba el dinero extra a nuestros ahorros. De hecho, recuerdo que una vez Silvia me preguntó: "¿Por qué nunca obtienes un aumento?" Y yo respondí: "¿Por qué, falta algo? ¿Algo que necesitas?" Ella me miró y entendió que teníamos suficiente para manejar la casa, y suficiente para alimentar y vestir a todos en la familia. No estábamos prescindiendo de ella. Simplemente no nos volvimos locos gastando dinero en artículos innecesarios. ¿Quién necesitaba un coche de lujo? Eso estuvo bien con Silvia.

Debido a mis ingresos, Silvia no tenía que trabajar cuando los niños eran pequeños. Podía quedarse en casa y cuidar de ellos, que era su preferencia. Por lo tanto, no necesitábamos guardería ni niñeras. De hecho, cuando salíamos a cenar, íbamos en familia, y de eso nuestros hijos aprendieron a portarse bien en compañía. También tomamos excelentes vacaciones familiares, incluido un viaje memorable por carretera hasta San Antonio, Texas. Como resultado de estar siempre juntos, hasta el día de hoy, mis tres hijos están muy cerca el uno del otro.

ALLENTOWN,
PENNSYLVANIA

CAPÍTULO 9

AYuDANDO A LOS INQUILINOS A CONVERTIRSE EN PROPIETARIOS

Había tomado una decisión en mi vida, y creé un plan para realizarla. Durante el día, sería un ingeniero de costos y programación para PP&L. Después del trabajo, continuaría mi negocio de comprar casas multifamiliares en el área de Allentown, renovarlas y luego alquilar los apartamentos. Con el tiempo, sin embargo, me di cuenta de que eventualmente, perdería a mis mejores inquilinos porque querían comprar sus propias casas.

Entonces, pensé: "¿Qué pasa si empiezo a comprar casas unifamiliares, las arreglo y luego las vendo a mis inquilinos?" Podría perder un inquilino, pero ganaría un comprador.

Para lograr esto, sabía que tenía que tener un equipo realmente bueno con el que trabajar. Necesitaba un buen agente hipotecario, un agente de bienes raíces con excelentes conexiones en Allentown y un abogado. También necesitaba entender todos los programas gubernamentales disponibles para los compradores de vivienda por primera vez.

Creé una estructura de apoyo para posibles compradores de viviendas. Mi primer paso para trabajar con mis inquilinos fue que completaran un cuestionario. Una pregunta es: "Si tuvieras la oportunidad de comprar una casa, describe las características que te gustaría que tuviera". Eso me ayudaría a identificar propiedades que se adapten a sus necesidades.

Me centré en compradores potenciales que eran hispanos porque

Mi gran amigo y socio Ortelio

confiaban en mí, hablábamos el mismo idioma y entendía su cultura. Hablaría con estos propietarios esperanzados sobre sus finanzas y sobre lo que querían en un nuevo hogar. Luego, los enviaría a mi agente hipotecario, quien podría ayudarlos a reparar su crédito si fuera necesario. Finalmente, salía a explorar casas potenciales con mi corredor de bienes raíces de confianza, que entendía lo que estaba buscando, que conocía el área y, quizás lo más importante, tenía las conexiones correctas.

Mi corredor fue clave en ayudarme a encontrar propiedades prometedoras. Me enseñó una lección importante: ganas el dinero en bienes raíces cuando compras, no cuando vendes. Si no compras bien, me dijo, nunca ganarás dinero.

Mi proyecto que nunca termina: mi casa en Allentown

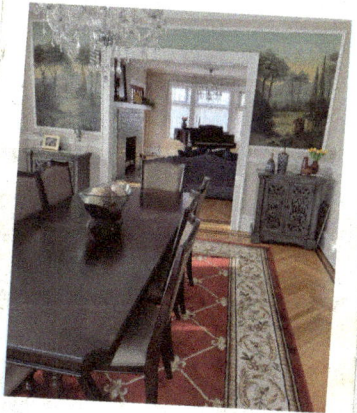

Esta lección tan importante significa que no importa cuánto dinero invierta en mejorar una propiedad, si es la propiedad equivocada, no será rentable. Y así, yo tenía un cierto perfil para una casa potencial, y sabía que una vez que terminara de renovarla, todos saldríamos adelante. Juntos, mi corredor y yo encontraríamos las casas que necesitaban renovación que pudiera satisfacer las necesidades de mis clientes.

Entonces, ¿qué hace que la propiedad sea "correcta"? En realidad es una ecuación. Es en parte la propiedad y su ubicación, y necesita satisfacer las necesidades específicas de un cliente. Debido a que estaba enfocado en servir a la comunidad hispana que conocía y estaba cerca, me concentré en comprar propiedades que mis clientes pudieran pagar. También era muy consciente de lo que necesitaban y querían en una casa.

Una vez que tuviera al comprador alineado, y una propiedad potencial adecuada en mente para ellos, los conectaría con mi agente hipotecario. El agente hipotecario analizaría la situación financiera del comprador y diría: "Bueno, puedes comprar si haces esto y esto y esto", o "Esta pareja está lista para comprar". O a veces, nos enteramos de que el comprador aún no estaba en la posición financiera para convertirse en propietario y tendría que tomar ciertas

medidas para recon-
struir su crédito y
ahorros mientras
continuaba alqui-
lando. Podrían
sentirse decepciona-
dos por retrasar la
compra de la propie-
dad por un tiempo,
pero se irían con un
plan financiero
sólido que podría
llevarlos a las
condiciones finan-
cieras necesarias.

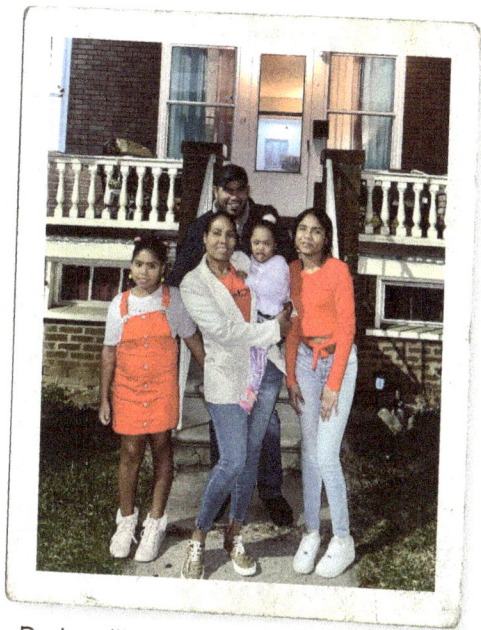

De inquilinos a dueños

Otro miembro esencial de mi equipo es mi abogado, que se asegura de que todo el papeleo, desde
contratos hasta acuerdos hipotecarios y escrituras,
estuviesen en perfectas condiciones. Un simple error
en el papeleo, una fecha o nombre incorrectos, por
ejemplo, puede hundir todo el proyecto.

En mi negocio, también tuve que investigar y comprender los muchos programas financieros disponibles
para los compradores de vivienda por primera vez y de
bajos ingresos. Preparé a mis inquilinos para ser compradores educándolos sobre cuál de estos programas

era el adecuado para ellos. Luego, los enviaba a trabajar con mi agente hipotecario para solucionar cualquier problema de crédito que tuvieran. También los envié a seminarios para compradores de vivienda por primera vez.

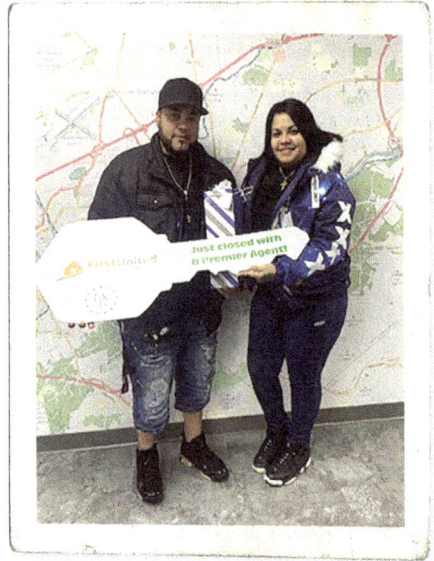

Clientes conzumando la compra de una de las propiedades

Me da una inmensa satisfacción saber que he podido ayudar a cambiar la vida de las personas. Sabía quiénes eran mis buenos inquilinos, y me dije a mí mismo: "Puedo perderlos como inquilinos eventualmente. Déjenme darles la oportunidad de convertirse en propietarios y trabajaré con ellos para prepararlos".

Convertirse en propietario de una vivienda le da a las personas una participación en su vecindario que no tenían cuando eran inquilinos, y esto tiene un efecto dominó positivo en toda una comunidad. Ahora, en lugar de tener un vecindario de inquilinos en su mayoría, tiene un vecindario de propietarios orgullosos que asumen la responsabilidad de sus hogares y sus calles. Como resultado, vecindarios enteros comienzan a convertirse en lugares más seguros y mejores para vivir, lugares donde las personas pueden criar a sus familias.

Para mí, mi enfoque sigue siendo construir una familia fuerte, tal como mis padres me enseñaron. La lección, que aprendí desde la infancia, fue que tener una familia leal y fuerte es la clave para vivir una vida feliz, satisfactoria y exitosa. Mis padres sacrificaron mucho por nosotros, y puedo decirles que valió la pena la inversión que hicieron. Dar la misma atención a mi propia familia se convirtió en el trabajo de mi vida, y ahora también puedo ayudar a otras personas a crear familias fuertes también.

De hecho, hasta cierto punto, siento que tengo una conexión familiar con mis compradores e inquilinos. Algunas personas han sugerido que soy casi como un tío que comparte su sabiduría y ayuda a protegerlos a medida que avan-

Mi estación de radio remodelada en East Providence, Rhode Island

zan para convertirse en propietarios de viviendas.

Muchas veces, después de que mis nuevos propietarios se mudaron a una casa que he renovado para ellos, Silvia y yo fuimos los primeros invitados a cenar. Se corrió la voz de que Nelson Díaz era un tipo que podía ayudar a los inquilinos a convertirse en propietarios. Como he dicho, la comunidad hispana tiende a estar cerca, y las buenas noticias viajan rápido.

Los amigos de los nuevos propietarios decían: "Oh, Dios mío, compraste una casa. ¿Cómo haces eso?"

Su respuesta: "Bueno, déjame conectarte con el señor que nos ayudó".

Un homenaje a Silvia

Finalmente había llegado al punto en mi vida en el que estaba exactamente donde quería estar. Había podido retirarme de PPL como lo había planeado, y mi verdadero

Mi hermosa esposa, Silvia

negocio estaba en creciendo. Más importante aún, mis tres hijos eran todo lo que dos padres podían esperar: eran inteligentes, productivos y amables, y estaban empezando a construir sus propias familias. Había recorrido un largo, largo camino desde ese niño pequeño al que se le presentaban tantos desafíos.

Pero luego recibimos una noticia terrible sobre el pilar de mi familia y la fuente de su fortaleza: mi hermosa esposa, Silvia. He escrito sobre las muchas maneras en que me ayudó y apoyó a mí y a nuestra familia a lo largo de nuestros 44 años de matrimonio. En 2017, nos enteramos de que Silvia tenía cáncer de páncreas, uno de los cánceres más mortales de todos. Uno sin cura.

En ese terrible día cuando recibimos la noticia de su diagnóstico, ella sabía que tendría una pelea en sus manos, y así peleó. Nunca he visto a nadie con tanta determinación y fuerza. Hasta ese momento, siempre yo me había considerado el fuerte de la familia, pero me di cuenta de que todo el tiempo, Silvia había sido la única cuya fuerza mantuvo a nuestra familia en marcha. Ella luchó valientemente contra la enfermedad durante tres largos años, y cuando finalmente me dijo: "Hon, estoy lista para volar", supe que teníamos que dejarla ir.

Unos meses antes de perderla, mis hijos vinieron a mí con la idea de preservar uno de los grandes legados de Silvia: sus recetas familiares cubanas, transmitidas de generación en generación. Le encantó la idea, y no importa lo mal que ella se sentía, escribió diligentemente las recetas a mano en tarjetas de archivo. Mis hijos las imprimieron, y ahora un aspecto de mi Silvia vivirá a través de las próximas generaciones.

Hoy, todos mis hijos son excelentes cocineros, y cada vez que preparan una de las recetas de Silvia, es casi como si estuviera en la cocina con ellos.

Aunque disfrutamos de todos los platos que Silvia preparó y que mis hijos dominaron, el flan cubano fue uno de los favoritos para nuestra familia y nuestros amigos. Ese postre cubano era un clásico que ella preparaba cada vez que había una reunión en nuestra casa o en las casas de nuestros amigos. Me gustaría compartir su receta contigo y desafiarte a que la prepares.

RECIPE FOR: Flan (Traditional – Cuban)

SERVES: 12

FROM: Silvia M. Diaz

Mix
1 can evaporated milk
1 can condensed milk
6 eggs
1 tsp vanilla
Pinch of salt

*Carmel
½ cup sugar
1 Tbsp water
1 squirt lemon

In saucepan over med. heat, boil the *carmel ingredients to carmalize, light amber color. Pour into mold (flanera pan), swirl to coat the bottom and sides. Set aside.

→

- In blender, mix the eggs, milk, vanilla, and salt. Discard the frothed mix so mixture is smooth. Pour into carmalized pan, cover with foil. (or use flanera)
- Set into a larger pan for a water bath. Place in the middle oven rack. The water bath pan should have boiled water 2/3rd up the flan pan.
- Cook in the oven 350° for an hour.
- Remove from water bath, chill in refrigerator.
- To serve, place flanera pan in hot water to soften the carmel. Tur pan upside down into another plate.   Enjoy!!

Mi hijo Daniel

Mi hijo Philip

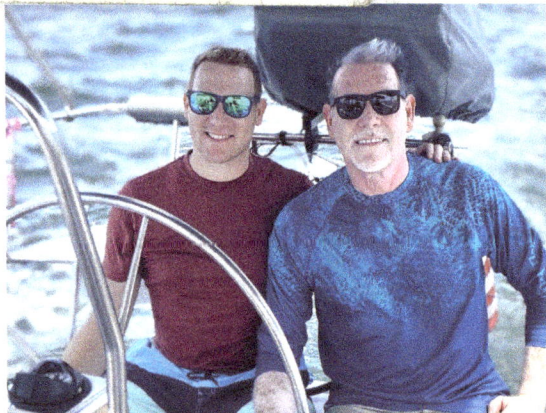

Mi hijo Nelson

CAPÍTULO 10

COMPARTIENDO LAS LECCIONES DE MI VIDA

Mi historia es sobre un niño cuya pobre familia cubana se encontró en el lado equivocado del régimen de Castro. Nuestra experiencia demuestra que una familia inmigrante puede tener éxito en este país a pesar de comenzar con muy poco.

Escribí este libro porque sabía que mi historia podría ayudar a inspirar a otros. Personas que, como yo, vinieron aquí sin hablar inglés, personas que lucharon en sus países de origen debido a la política y la pobreza, personas que vinieron aquí en busca de oportunidades y un futuro más esperanzador. Mi historia es una verdadera saga de pobreza a riqueza.

A pesar de nuestra pobreza, yo era rico, y lo había sido desde que nací, de una manera muy importante:

siempre tuve el apoyo de una familia fuerte y comprometida detrás de mí. Mi madre y mi padre trabajaron en equipo para criarnos a mí y a mis hermanos como personas independientes y de pensamiento libre que siempre supieron cuánto eran amados. Desde que era un niño pequeño, el nombre favorito de mi padre para mí era "*campeón*".

A pesar de que ninguno de mis padres hablaba mucho inglés o tenía mucho en el camino de la educación, sabían que la educación sería la clave para obtener un futuro mejor para mí. Creían en la importancia de enseñarme a ser independiente, a confiar en mí mismo y a no esperar a que ellos solucionaran mis problemas. No siempre fue fácil para ellos porque yo era un adolescente bastante rebelde. Sin embargo, de alguna manera, sabían la combinación correcta de fuerza y compasión para mantenerme en el buen camino. Cuando estaba en mi momento más difícil, metiéndome en peleas sangrientas y casi reprobando la escuela secundaria, su apoyo conmigo nunca flaqueó. Saber que creían en mí lo era todo, me hizo querer cambiar mis costumbres y ganarme su respeto.

Me gustaría aprovechar esta oportunidad para compartir algunas de las lecciones más importantes que he aprendido.

Una familia fuerte lo es todo.

Mis padres me enseñaron lecciones cruciales de la vida sobre cómo cuidarme, y luego daban un paso atrás y me dejaban aprender, incluso si eso significaba verme cometer errores. Creo que su enfoque en enseñarme cómo ser autosuficiente me preparó para lo que estaba por venir, porque estaban seguro de que yo tenía las herramientas para manejar casi cualquier situación que se presentara. Cuando mi esposa Silvia y yo nos convertimos en padres, tomamos el mismo enfoque con nuestros tres hijos, y ellos nos recompensaron al convertirse en buenos jóvenes: soy un padre muy orgulloso.

En un reciente Día de Acción de Gracias de la familia Díaz, recordé la importancia de abrazar a la familia. Ahora que nuestros hijos se han casado y han traído a sus esposas e hijos a nuestra familia, hemos expandido nuestra cultura y familia cubana para abarcar tanto a los estadounidenses como a los del Medio Oriente, ya no somos solo yo, Silvia y los niños. Ahora platos como koshari y baklava se unen al pavo, el jamón y el arroz y frijoles cubanos en nuestra mesa de Acción de Gracias.

Los cerebros vencen a la fuerza muscular.

Cuando me enviaron, solo, a España a la edad de 13 años, aprendí a resolver mis propios problemas.

Tenía muchos desafíos que superar y ningún adulto alrededor que pudiera ayudarme. Fui intimidado física y emocionalmente, pero descubrí cómo defenderme con mis puños y con mi intelecto. Con el tiempo y a través de muchas pruebas, aprendí que siempre hay alguien más fuerte y que defenderme físicamente solo conducirá a problemas. Superar los problemas usando mi inteligencia fue una solución mucho más sabia.

No escuches a los detractores.

Cuando mi consejero de orientación de la escuela secundaria me dijo que me enfocara en una escuela vocacional en lugar de la universidad, se convirtió en un punto de inflexión importante para mí. Mis padres, mi madre en particular, siempre me habían dicho que era inteligente y que una educación universitaria aseguraría mi éxito en el futuro. Sabía que mi consejero no podía tener razón al pensar que no era material universitario. Su humillación hacia mí ciertamente me dolió, pero en lugar de dejar que matara mi espíritu o me hiciera enojar, encendió el deseo de demostrar que estaba equivocado. Le mostraría que podía ingresar a la universidad, tener éxito académico y realizar mi sueño de convertirme en ingeniero.

Cree en tus hijos.

Mi consejo a los padres está tomado de la forma en que mis padres me criaron. A través de ellos, aprendí que uno de sus trabajos como padre es comprender los dones de sus hijos y luego alentarlos a encontrar una carrera que use esos dones. Cuando los talentos de sus hijos son una buena combinación para su carrera, eso ayuda a garantizar su éxito. Mis padres creían que una carrera de ingeniería me permitiría poner mis habilidades matemáticas y científicas a buen uso. Creo que la principal responsabilidad de los padres es ayudar a sus hijos a convertirse en adultos independientes.

Busca amigos que den buenos ejemplos.

Mi padre solía decirme que me acercara a personas que me ayudarían a ascender, no de aquellos que me arrastrarían hacia abajo. Entonces, cuando decidí cambiar mi vida en la universidad, cuando decidí tener éxito en lugar de fracasar, me propuse buscar y hacerme amigo de estudiantes inteligentes y trabajadores. Por ejemplo, en mi programa de Ingeniería Civil en Rutgers, me hice amigo de dos de los mejores estudiantes de la clase, Marcelo y Larry. Se convirtieron en mis mejores amigos en la universidad, y estudiábamos juntos todo el tiempo. En clase nos veíamos como rivales, compitiendo por las mejores calificaciones. De una manera amistosa pero seria, competimos entre nosotros, y recuerdo lo feliz que me sentía cuando mi calificación superara la de ellos en un examen. Esta competencia me empujó a ser el mejor.

Establezca metas, pero cree un plan para alcanzarlas.

Todo el mundo tiene metas, como "Quiero ser millonario", por ejemplo. Pero para tener éxito, aprendí que tienes que tener un plan de cómo llegar allí. Y es por eso que tomar programas como *7 hábitos de personas altamente exitosas* se volvió tan importante para lograr mis objetivos. Sabía cuánto necesitaría ganar cada año para poder acumular suficiente riqueza para alcanzar mi meta de una jubilación temprana. Sin un plan detallado, le resultará difícil alcanzar sus objetivos.

Usa tu tiempo sabiamente.

Establecer metas y crear un plan para alcanzarlas solo se realizará si invierte su tiempo sabiamente. Priorice sus actividades diarias para apoyar su plan. Muchas veces durante el día puede sentirse abrumado con problemas y problemas que resolver. Puede que te agote todo lo que puedas tener que resolver, pero tener una forma ordenada de abordarlos de acuerdo con tus prioridades te ayudará a concentrarte y te permitirá resolverlos de manera eficiente.

Creo que solo hay una cosa que nunca se puede recuperar una vez que se ha ido: EL TIEMPO.

Gane su dinero cuando compre.

Aprendí una lección importante de mi corredor de bienes raíces, quien fue clave para ayudarme a encontrar propiedades prometedoras. Él dijo: "Usted gana el dinero en bienes raíces cuando compra, no cuando vende. Si no compras bien, es posible que nunca ganes dinero".

Alcanzar el éxito como inversor inmobiliario.

Primero, debe aprender sobre lo que hace que una propiedad sea una buena perspectiva para una inversión. Como lo descubrí, es una ecuación que tiene en cuenta en parte la propiedad y su ubicación, junto con las necesidades específicas de un cliente. Dado que, en mi carrera me enfoqué en servir a la comunidad hispana, también era muy consciente del costo de la propiedad que mi cliente podía pagar y lo que necesitaban y querían en una casa.

RECONOCIMIENTOS

Mi hermosa esposa, Silvia, me dio el coraje para hacer posible este libro. Aunque su pérdida me dejó con el corazón roto, espero que los lectores sepan que ella vive a través de mí, nuestros hijos y nuestros nietos.

Gracias de corazón a mis hijos: Nelson; Philip y su esposa, Shannon; y Daniel y su esposa, Magan. Ellos han sido un pozo sin fondo de fortaleza y me han apoyado sin cesar, buscando fotografías familiares y compartiendo sus recuerdos.

También me gustaría agradecer al talentoso personal de Bright Communications, que me ayudó a producir este libro e hizo que su nacimiento fuera un proyecto tan gratificante.

SOBRE EL AUTOR

Con el apoyo de su familia, el cubano Nelson A. Díaz escapó de un destino seguro como soldado en el ejército de Castro al emigrar a Estados Unidos, a través de España, cuando tenía trece años. Varios años más tarde, se graduó con un título en ingeniería de la Universidad de Rutgers.

Hoy, Nelson es el fundador / propietario de Mi Casa Properties en Allentown, Pensilvania. Él y su equipo se enfocan en adquirir, rehabilitar y administrar propiedades unifamiliares, multifamiliares y comerciales en áreas urbanas del condado de Lehigh. Nelson dirigió Mi Casa mientras se desempeñaba como Gerente de Proyectos en el Departamento Nuclear de PPL Electric Utilities, hasta su retiro de PPL hace unos años.

Nelson sirvió en la Junta Directiva del Hospital del Sagrado Corazón, la Organización Hispanoamericana y la Cámara de Comercio de Allentown, y fue nombrado miembro de la Comisión Asesora del Gobernador sobre Asuntos Latinos por los gobernadores Corbett y Wolf. Nelson fue galardonado con el "Good Turn Award" por el Minsi Trails Council Boy Scouts of America por establecer una asociación educativa entre PPL Electric Utilities y las escuelas del centro de la ciudad de Allentown.

El alcalde de Allentown seleccionó a Nelson para servir en la Junta Directiva de la Autoridad de Desarrollo de la Zona de Mejora del Vecindario de Allentown (ANIZDA). ANIZDA supervisa y administra el NIZ, un distrito especial creado por la ley estatal que se está utilizando para fomentar el desarrollo y la revitalización en el centro de la ciudad de Allentown y a lo largo del lado occidental del río Lehigh.

Nelson tiene tres hijos y dos nietos, y vive en Allentown. Le gusta navegar y viajar con su familia. ¡Gracias, Fidel! es su primer libro.

www.ingramcontent.com/pod-product-compliance
Ingram Content Group UK Ltd.
Pitfield, Milton Keynes, MK11 3LW, UK
UKHW050649300625
6644UKWH00046B/948